仕事に効く　人生に役立つ

大人のための「寓《ぐう》話《わ》」50選

「寓話」は最良の
『転ばぬ先の知恵』

廣川 州伸
Kuninobu Hirokawa

辰巳出版

装幀……杉本欣右
イラスト……笹森　識
DTP作成……サッシイ・ファム
編集協力……荻野　守（オフィスON）
企画編集担当……湯浅勝也

●……プロローグ

いま「寓話《ぐうわ》」だから面白い、「寓話」だから わかりやすい、「寓話」だから心に刺《さ》さる！

令和《れいわ》の時代になり、ＡＩ（人工知能）を中心とした社会変革が加速しているが、そこでは、大きな試練が待っているかもしれない。

たとえば、思いがけないことが起き、ドン底につき落とされる。目の前に越えられそうにない、大きな壁が立ちはだかる。進む道が途中から分かれていて、選択を迫られる……そんな試練だ。

しかし、あなたをとり巻く環境が恵まれたものでなければ、救いの手がさし伸《の》べられることはなく、難関を自分の力で乗り越えなければならない。そんなとき、少しでもヒントになるべきものが身近にあれば……。

その一つが、さまざまな物語を借りて教訓を伝える「大人のための寓話」かもしれない。

昭和の時代には、高度成長期からバブル景気まで、「ウサギとカメ」や「アリとキリギリス」などの寓話が好まれた。

ウサギとカメが、かけっこの競争をした。生まれつき走るスピードがあるウサギは、道の途中で勝利を確信し、うっかり昼寝をしてしまう。ウサギが、サボっている間、カメは遅いながらも、必死で歩き続けた。そして、結局、競争に勝ったのは、愚直《ぐちょく》に歩き続けたカメのほうだった。

（出典～イソップ寓話「ウサギとカメ」より）

ここから学びとれるのは「自分の才能に溺《おぼ》れてはならない」という教訓で、どの時代でも変わることはない。ただ、愚直に歩き続けたカメが競争に勝つという物語は、今まで、いやというほど見聞してきた。そこには、昭和の時代の「愚直であってほしい」という意図《いと》が見え隠れしていたように思える。

しかし、その後、平成を経て令和になり、これからは、才能があれば、それを伸ばしたい。また、一人ひとりが、その場に応じた判断をし、行動をする時代ではあるまいか。

令和の時代に求められる人材は、遅くても、コツコツ地道に歩む愚直なカメより、一つのことに秀《ひい》でた韋駄天《いだてん》のウサギではあるまいか。その意味では、同じイソップ寓話でも、これからは次の寓話が参考になるのではないか。

航海の途中、嵐に遭《あ》って船が転覆《てんぷく》した。しかし、その男はギリシャの女神アテナに助けを求め、泳ぎもせずに祈っていた。そんな彼を見て、同じように海に投げ出されもがいていた男が言った。

「アテナの神の助けを願う前に、まず自分の手を動かしなさい」

（出典～イソップ寓話「天は自ら助くる者を助く」より）

自分の能力を信じ、ただし、過信することなく、自分の能力を頼りとして、全力で生きよ、である。

本書では、古今東西の寓話はもちろん、官公庁の各種報告書、新聞・雑誌特集記事、事典などから最大限、教訓とすべき事例を集めた。さらに、著者が仕事柄、中小企業を中心に500人を超える経営者に取材をして得た経験をもとに、これからの令和の時代に合った話をアレンジしたものも加えている。

それらは、たった一つの物語や事例を出典としているものではなく、複合的に構成し、新しい時代にふさわしい寓話としたものも含まれている。時代背景やシチュエーションから今の時代にそぐわない部分を思い切って脚色したものもある。

今、困難に直面している人も、これから訪れるであろう試練を予感し、「備えあれば憂いなし」と考えている人も、本書で紹介した寓話を読んで、勇気をもって立ち向かい、果敢に乗り越えてほしい。

本書の構成は、仕事に効く、人生に役立つを主題に全体を10セクションに分け、それぞれのセクションごとに5つずつのテーマと寓話を提示してある。どのセクションを選ぶか、どの寓話から読み始めるかは、読者の自由だ。自分が必要だと感じたものから読み進めていただければ、幸いである。

なお、第1・3・5・7・9章の最後に、コラムとして著者が開発した『謎解《なぞと》きクロス®』の問題を載せてある。謎解きクロスは、「人生における成功＝幸福になること」のための重要なファクターである脳の活性にもってこいのツールだ。あわせて、楽しんでいただきたい。

令和2年2月

廣川州伸

仕事に効く人生に役立つ　大人のための「寓話」50選　◉目次

◎……プロローグ　いま「寓話」だから面白い、「寓話」だからわかりやすい、「寓話」だから心に刺さる！……3

【第1章】自分自身をまず知るための寓話5

テーマ01 今の自分が他人からどう見られているかをつかむ　◎寓話01▼ある旅人とホテルの支配人……14

テーマ02 鏡で自分の姿をしっかり見る〜自分で自分を客観視する　◎寓話02▼すべてが気に入らない妻……19

テーマ03 自分にできることは何かを考える　◎寓話03▼できることが必ずある……22

テーマ04 自分の強みと弱みを知る　◎寓話04▼意外すぎる特技……25

テーマ05 ネガティブな過去を洗い出す　◎寓話05▼攻めと守りの2人の監督……28

コーヒー・ブレイク〜謎解きクロス①……31

【第2章】生活習慣を少し変えるための寓話5

テーマ06 完璧主義ではなく、「最善主義」を目指す　◎寓話06▼龍を描くときは……　……34

テーマ07 一日一生を実行する ◎寓話07▼修行寺での問答 ……37
テーマ08 時間とのつき合い方を変える ◎寓話08▼毎日が自由時間 ……40
テーマ09 情報のシャワーから逃れる ◎寓話09▼大勢からの悪口 ……43
テーマ10 仕事も恋愛も、ワクワク感を忘れない ◎寓話10▼運命という名のオセロゲーム ……46

［第3章］正しい目的を見つけるための寓話5

テーマ11 達成すべき目標を立てる ◎寓話11▼還暦同窓会 ……50
テーマ12 成功へのストーリーを描き出す ◎寓話12▼原点に立ち返る勇気 ……53
テーマ13 高い所にのぼり、下界を眺める ◎寓話13▼大勢の刺客との死闘 ……57
テーマ14 とことん考えて、あとは無用の心配をしない ◎寓話14▼不安を打ち消す方法 ……61
テーマ15 できないことがあっても、当たり前と心得る ◎寓話15▼大ヒットしたある調理家電の話 ……64
コーヒー・ブレイク～謎解きクロス② ……67

【第4章】 自分のモノサシを持つための寓話5

テーマ16 今の自分にとって何が重要かを考える ◎寓話16▼やり残した夢 ……70
テーマ17 仕事の進め方を工夫する ◎寓話17▼負けず嫌いの男 ……73
テーマ18 時間をうまく活用する ◎寓話18▼ある科学者の時間術 ……76
テーマ19 一日の行動を一つひとつ大切にする ◎寓話19▼覆水盆に返らず ……79
テーマ20 家族ともっと話しをする ◎寓話20▼疑われた王妃 ……82

【第5章】 他者の利益まで考えるための寓話5

テーマ21 他者と自分の利益を同時に実現させる ◎寓話21▼善意の輪 ……86
テーマ22 自分ができること、自分だけではできないことを分類する ◎寓話22▼三つの役割 ……89
テーマ23 まず相手にWｉｎを提供する ◎寓話23▼戦わずして勝つ ……92
テーマ24 よい仲間をつくり、ことに当たる ◎寓話24▼ガンジス河の三老人 ……95
テーマ25 金儲けより人儲けを考える ◎寓話25▼命を懸けた恩返し ……98
コーヒー・ブレイク～謎解きクロス③ ……101

【第6章】相手の話をきちんと聞くための寓話5

テーマ26 相手をまず理解するよう心がける ◎寓話26▼百聞は一見に如かず ……104
テーマ27 自分の話はなるべくしない、しても早く終える ◎寓話27▼毒男の悲劇 ……108
テーマ28 ノーSNSデーをつくる ◎寓話28▼自然のままが十分美しい ……111
テーマ29 相手の立場になって、どう見えるかを考えてみる ◎寓話29▼三国の外交の話 ……114
テーマ30 ないものねだりを慎み、足るを知る ◎寓話30▼四つの願いごと ……117

【第7章】仲間とうまくやるための寓話5

テーマ31 一人で越えられない壁は仲間とともに越える ◎寓話31▼乗り越えられない壁 ……122
テーマ32 評価の基準、モノサシを変えてみる ◎寓話32▼本当に池に落ちたのは誰か ……126
テーマ33 他人の成功を祝福する ◎寓話33▼月の上で鉄を打つ ……130
テーマ34 嫌いな人でも好きになる ◎寓話34▼ブラック・スワン ……134
テーマ35 見知らぬ人にも親切にする ◎寓話35▼隗より始めよ ……138
コーヒー・ブレイク〜謎解きクロス④ ……141

【第8章】成功への環境を整えるための寓話5

テーマ36 成功までの道筋を描き、条件を整える ◎寓話36▼勝利のシナリオ ……144

テーマ37 いつチャンスが訪れても対応できるように準備しておく ◎寓話37▼有名すぎる映画の誕生秘話 ……147

テーマ38 健康を維持するために必要なことを毎日する ◎寓話38▼カバの母子 ……151

テーマ39 重要なことがクリアできたら、自分に褒美を与える ◎寓話39▼神さまからのご褒美 ……154

テーマ40 自分の未来に投資する ◎寓話40▼能面との衝撃的な出合い ……157

【第9章】思い上がりを戒めるための寓話5

テーマ41 ちゃんと自分で考える ◎寓話41▼カーナビの反乱 ……162

テーマ42 自分のとるべき道を徹底的に調べる ◎寓話42▼リコールへの対応 ……165

テーマ43 ナンバーワンよりオンリーワンを目指す ◎寓話43▼ある男の独白 ……169

テーマ44 結果だけでなく、プロセスを大事にする ◎寓話44▼仮想通貨は幻想？ ……174

テーマ45 いやな環境は我慢せず、思い切って変えてみる ◎寓話45▼伝説をつくったファストフード店 ……178

コーヒー・ブレイク～謎解きクロス⑤ ……181

［第10章］ 生き方のスタンスを確立するための寓話5

テーマ46 いざとなったら、逃げ出せばよい ◎寓話46▼ひとあし、ひとあし…… ……184
テーマ47 大切な仲間に対して心から接する ◎寓話47▼AI監督は是か非か ……189
テーマ48 ゆるく生きるときをつくる ◎寓話48▼天命を待って行動する ……192
テーマ49 いつもと違うことで心身をリフレッシュさせる ◎寓話49▼ノーと思ったことだけやる男 ……195
テーマ50 幸福の本当の意味を考える ◎寓話50▼幸福と柿の木 ……200
◎……エピローグ 令和の時代を生き抜く「ヒント」になれば、幸いである ……204

[第1章]
自分自身をまず知るための寓話5

◉……あなただけのオリジナルな人生をつくる

世界中にいる77億人の人間一人ひとり、生まれてから死ぬまで、一人として同じ人生はない。それぞれの人生が、すべてオリジナルな舞台が用意されている。

たとえ、あなたの今の環境がドン底であっても、へこたれることはない。あらたな人生劇場に向けて、主役であるあなた自身の再認識からリスタートしてみよう。

本章の寓話5選が、あなたに自分自身に対する「見方」を変えるヒントを与えてくれるだろう。

今の自分が他人からどう見られているかをつかむ

寓話1 ある旅人とホテルの支配人

寒い冬の夜。町はずれの小さなホテルのフロントで、支配人が一人、店番をしていた。そこにみすぼらしい服装をした旅人がやって来て、支配人に懇願《こんがん》した。

「何か、食べるものを出してくれ」

支配人は、その旅人が無一文《むいちもん》であることを瞬時に見抜き、冷たく返答した。

「残念ながら、当ホテルには本日、もう食べるものが何も残っていません」

「そんなばかな……。ここはホテルだろう？　冷たいスープだっていい！」

「いいえ、ございません。お客様にお出しできる食事は、もう何ひとつ残っていないのです」

旅人は、天を仰《あお》いでため息をついた。

「ああ、わが父よ。何も食べるものを出してもらえないなら、あなたの言っていた通りにするしかない！」

支配人は驚いた。

「何をするのかは知りませんが、ホテルの外に出ていってからにしてください」

そんな支配人の声を無視して、旅人は薄汚れたコートの内ポケットに手を入れた。

「私だって、こんなことはしたくない。でも、仕方がない。これも父の教えだから」

支配人は、そんな旅人を見て不安になった。

「お父様は、あなたに何をさせようというのですか」

「何も食べられないのなら、父がしたように私もするしかない。もう誰にも止められない……」

何をしでかすか、想像もつかない相手に対して、支配人は、

「あ、ひょっとしたら、厨房の鍋の底にスープが残っているかもしれません。見てきます」

支配人はあわてて厨房《ちゅうぼう》に走り、自分の夕食用に残してあったスープを皿に盛ると、あわててフロントに戻った。レジに残っていた現金も心配だったのである。

「少し、残っておりました。さあ、どうぞお召《め》し上がりください」

旅人が食べ終わるのを待って、支配人はおもむろに尋ねた。

「もし、食べ物が何も出てこなかったら、お父様はあなたに何をさせようとしたのですか」

旅人はにっこりほほえんでこう答えた。

「決まっているじゃないか。父親がかつてそうしたように、胸に手を当てて自分に言い聞かせ、空腹をかかえたまま家に戻り、ただ寝ただけのことさ」


……出典～ユダヤの民話より（※マーガレット・リード・マクドナルド著／佐藤涼子訳・編書房『五分間で語れるお話』参考）

【解説】

この寓話に出てくる支配人は、旅人の身なりから「お金がない」ことを見抜いた。そこまでは一般的にありがちなことだが、その先の対応に問題があったようだ。

一銭の得にもならない相手には早々にお引きとりを願って……と、支配人は考えた。

しかし、今は見るからに貧しそうな旅人であっても、将来は大金持ちになって、そのホテルの上客になるかもしれない。

もしかしたら、貧乏客に変装したそのホテルのオーナーで、支配人の客あしらいを試《ため》しているのかもしれない。

まあ、そこまであれこれ考えて対応しろというのは酷《こく》なことかもしれないが、支配人といえば、そのホテルの「顔」である。

客相手の商売の鉄則は、「お客様は神様」である。いくら儲《もう》けになりそうもない相手であっても、最低限度の対応はすべきであった。

にもかかわらず、旅人が内ポケットに手を入れるや、何か物騒《ぶっそう》なものでも取り出して脅《おど》されかねないと判断し、あわてて残っていたスープを厨房から出してきたのである。

支配人は、旅人を見た目から金にならないと判断し、しかも、そのしぐさを見て、危険な行動に出かねないと結論したのである。相手を二度、読み違いしたのである。

いまのご時勢、「損して得とれ」とはいわないが、一応、ホテルにやってきた客である。最初から「残り物のスープですが……」と前置きして、客に提供するという最低限度の対応はあってしかるべきではなかったか。

旅人もほうでは、支配人が勝手に自分のことを判断するだろうと考えていた節がある。だとすれば、かなりしたたかといえるのだが……。

いずれにせよ、他人は人を勝手に判断する。だからこそ、人は自分とは何者なのか。自分で自分を正しく判断する必要がある。他人の判断に流されてはいけない。自己を確立するための第一歩である。

教訓①

どんな人間にも、オリジナルの人生がある。その人生の中で、人は相手からどう見られているのか、そこを考えられると、次の手が打てるものである。

鏡で自分の姿をしっかり見る～自分で自分を客観視する

寓話2　すべてが気に入らない妻

その夫婦は、まだ新婚だった。

夫は、流しにたまった食器を見かねて洗い出した。しかし、洗い物に慣《な》れていなかったせいで、流しの外まで、洗剤や水が飛び散った。

「やだ、周《まわ》りに水が散っているじゃないの」

「あ、ごめん。すぐに拭《ふ》くから」

翌日の夕食。

夫は妻に遠慮して、食器を洗わなかった。食事を終えた妻は、流し台に汚れたお皿を積み重ねていった。

「あっ！」

積み重ねたお皿がバランスをくずし、一枚、大きな音を立てて割《わ》れてしまった。

「あなたが何も手伝ってくれないから、お皿が割れちゃったじゃないの」

「けがはなかったかい？　ぼくも手伝うよ」

「いつ洗ってくれる？　明日の朝？　食べたらすぐ洗わないと、お皿にこびりついたソースなんかが固まっちゃって、洗剤がたくさん必要になるのよ」

「わかったよ。これからすぐに洗うから」

「何よ、その言い方、わたしが強制しているみたいだわ」

キッチンの周りには、あちこちに鏡がかけてあった。妻は怒るたびに、鏡に映《うつ》った自分の顔を見ていた。

「夫のせいで、わたしは今日もなんていやな顔をしているのかしら。こんな顔をしているから、だんだん人相が悪くなっていくんだわ」

妻は鏡に映る自分を見るたびに、何度も愚痴をこぼした。

その後も、妻は夫が何をしても文句を言った。そんな毎日は変わらず、やがて2人は離婚したのだった。


……出典～出典～アドラー心理学より（※岩井俊憲著 ベストセラー社『自分を勇気づける アドラー心理学 7つの知恵』参考）

【解説】

ものごとには、必ず原因がある。

しかし、自分が思いいたった原因が常に正しいとは限らない。そもそも原因には多数の要素がからみ合っていることも多く、簡単にこれだと1つに決めつけることはできない。

この寓話の妻のように、何かが起きたとき、すべてを夫のせいにすれば気がすむということはある。たとえ因果関係がなくても、「皿が割れた」という事実が目の前にあるのだから、「あなたのせいよ」と決めつける理屈も、あながち筋違いではない気もしてくる。

しかし、他人のせいにして得られる安堵《あんど》感など、少しも長続きはせず、その後、何度も焦燥感がくり返されることになる。

他人を悪く言うと、必ず自分に返ってくる。それは、自分への悪口となんら変わらないのである。

鏡を見て、自分の目を通して、自分の心をのぞく機会をつくってみたら、どうだろうか。因果律などにわずらわされることなく、素直に自分というものが見えてくることだろう。

教訓②

あなたの周りには、ステキなことがあふれている。いい自分、ステキな自分を発見できれば、おのずから自分のほうへステキなことがやってくる。

自分にできることは何かを考える

寓話3 できることが必ずある

ある山村の大地が大きく揺《ゆ》れた。

多くの家が倒壊して、多数の死者が出た。生き残った村人たちは、ひと所に集まって夜を明かした。

一週間しても、まだ余震は続いていた。

水と食べ物はあったが、その他の生活物資には事欠《ことか》くあり様だった。

幸い生き残っていた村長《むらおさ》は、元気な若い衆を使って、生き残った一人ひとりに今ほしいものを聞いて、何とか調達しようとした。

そして、生き残った、村で自慢の美人三姉妹のところにも、若い衆がやってきた。

大地が揺れたとき、たまたま村を留守にしていた三姉妹はなんとか無事だったが、村で農作業をしていた父母は土砂《どしゃ》にのまれ、命を落としていた。

悲しみにたえる三姉妹に、若い衆が「今ほしいものは何か」と聞いた。

長女は「ハリと糸をください。それがあれば、破れた服を縫《ぬ》い合わせ、ここにいるみなさんが着ている服を繕《つくろ》うことができます」と言った。

次女は「調理道具をください。それがあれば、なんとか収穫できる食材を使って、みなさんにおいしい料理を作ることができます」と言った。

最後になった三女は、はたと困ってしまった。みんなの役に立てることを何も思いつかなかったからだ。

しかし、しばらくして、三女は「書くものと紙をください。ここで起きたことを記録します。いつか役に立つことがあるかもしれないので」と言った。

それから10年。長女は町の洋服屋で服を仕立て、次女は宿屋で料理人としておいしい料理を提供している。

そして、災害の記憶と復興を克明に記録した三女は村の学校で教師となり、災害の教訓を活かすための啓蒙《けいもう》活動をしている。

三姉妹は、父母の想い出を胸に、それぞれ仕事に精を出していたのである。

………出典～東日本大震災資料より
（※内閣府２０１９年３月「平成23年（２０１１）東北地方太平洋沖地震（東日本大震災）について」報告書参考）

【解説】

人は誰でも、何かの役に立ちたいと思っている。

しかし、どうすれば役立つのか、そこがわからない。この寓話の三女のように、自分が被災地で役に立つことがわからなければ、何も行動できなくなる。

確かに、社会には、特別の才能と能力を持っている人間がいて、注目を浴《あ》びる。

しかし、誰もが特別なスキルを持ち、即戦力として役に立てるわけではない。ただし、特別な技能などなくても、何かしらできることはある。

そこに気づけば、何もできないと思っていた自分でも、社会に貢献できることが見つかるはず。そうすれば、自信も湧いて、もっと自分が好きになる。無理をせず、できることから始めればいいのである。

教訓③

自分も捨てたものじゃない、そう自覚したとき、あなた自身のオリジナルな人生が輝き始める。

自分の強みと弱みを知る

寓話4　意外すぎる特技

ある会社に、とり立てて優秀とも思えないが、勤続40年を誇《ほこ》るベテラン社員がいた。

仮に、N氏と呼ぶことにしよう。

N氏の特徴として、とにかく無口で、ひとたび口を開いても、多くを語らず、その言葉もいたって聞き取りにくい。

また表情がとても暗くて、周りの人間は彼が笑ったところを見たことがない。

そんなだから、周りの人間もなるべくかかわらないようにするし、社内ではひときわ「浮いた」存在である。浮いたというより「沈んだ」と表現したほうが適切かもしれない。

役員の血筋か何かで、その立場が保障されているということでもないようだし、特別、事務処理能力が高いなどという話も聞いたことがない。

そんなN氏が、入社してすぐに総務部に配属され、以来、総務部一筋で40年勤めているのである。

総務部といえば、社員および会社全般の雑務を中心に、地味な仕事を粛々《しゅくしゅく》とこなす部署で、ある意味、N氏のような人間にはうってつけのポジションだったのかもしれない。

しかし、N氏の真骨頂《しんこっちょう》ともいえる仕事は、そんなことではなかったのである。

会社経営には、取引する会社との良好な関係が必須条件である。そんなとき、避けて通れないのが、取引会社にかかわる慶弔事《けいちょうじ》である。

特に、ご不幸、つまり葬儀関連に失礼があってはならない。総務部としても、ことのほか、気を配《くば》らなくてはならない重要案件であった。

そこで、N氏の出番となる。

取引会社にかかわる葬儀には、ある時は社長代理として、またある時は会社代表として参列し、その無口で暗い表情そのままにお悔《く》やみの言葉を述べるのである。

故人を偲《しの》ぶという点で、その風体《ふうてい》は効果てきめんであった。

普段、会社では周りを暗くする元凶といわれ、お祝い事には決して向かないN氏であったが、この適性にいち早く気づいた社長が一発逆転の英断で直々《じきじき》、任命したのであった。

以来、総務部一筋40年、葬儀は彼の独壇場となったのである。

……出典～企業取材ノートより（※中小企業経営研究会『近代中小企業（ダイジェスト）』取材ノート参考）

【解説】

どんな人でも、強みもあれば、弱みもある。

この寓話に登場するN氏の欠点は、とにかく暗いことであった。口は重い、笑わない、周りとうちとけない。会社人間としては、かなり問題のあるタイプといえた。会社勤めをする以上は、個人の能力はもちろんのこと、周りとのコミュニケーションやチームワークも大事な要素である。

ダメ社員のレッテルを貼られても仕方のないN氏であったが、そんな彼の欠点を長所に変える社長のまさに起死回生のアイデアによって、彼は救われたのである。

人には「いいところもあれば悪いところもある」。この寓話のように、悪いところを逆手にとって成功する例は希有《けう》かもしれない。

しかし、落ち込む必要はない。もう一つ別の方法は、悪いところに目をつぶり、いいところをさらに伸ばすというやり方である。

教訓 ④

人には、強みと弱みが必ずある。弱みにとらわれてはならない。あなたの強みこそが、明日への自信につながる。

ネガティブな過去を洗い出す

寓話5　攻めと守りの2人の監督

ある国の、プロサッカーリーグでのこと。

一部リーグ落ちとなったクラブが、来年度の体制を固めるため、監督を一新することにした。候補者は2人いた。

オーナーが2人の候補者を呼んで、もし自分が監督になったら、どんな選手の布陣にするかと聞いた。

ネッガ氏は言った。

「守りが完璧で、どのチームが相手でも、得点することができないような布陣にする」

ポッジ氏は言った。

「攻めが完璧で、どのチームが相手でも、必ず得点できるような布陣にする」

オーナーは、2人の監督候補に、現有チームの中から選手を選抜させた。2人の監督候補が選んだ選手に幸い、ダブりがなかったので、現有チームの中に2チームの選抜チームができた。

そこで、オーナーは提案した。

「ネッガ監督チームとポッジ監督チームで紅白試合をしてください。勝ったチームの監督に、チームの再建を託しましょう」

紅白試合まで、1週間あった。守りの選手を中心に集めたネッガ氏は、過去3年間で失点したシーンをまとめたビデオを選手に見せ、ミスをしない方法を伝授した。

攻めの選手を中心に集めたポッジ氏は、過去3年間で得点したシーンをまとめたビデオを選手に見せ、得点する方法を伝授した。

いよいよ紅白試合が行なわれたが、試合は拮抗《きっこう》。延長戦でも決着がつかなかった。

そこで、PK戦となった。PK戦では、攻撃性に勝るチームのほうが紙一重《かみひとえ》の差で有利となり、ポッジ氏の選抜チームがなんとか勝利をおさめ、ポッジ氏が監督に選ばれた。

やがて、ポッジ監督のもと、攻めを中心にまとまったチームは、翌年に一部リーグ復活を果たしたのであった。


……出典～中国故事「矛盾」より（※自由国民社『世界の故事・名言・ことわざ』参考）

【解説】

この寓話は、中国故事で有名な「矛盾《むじゅん》」の話からの翻案である。これには、2つの示唆が含まれている。

1つは、スポーツなどの勝負では、攻守どちらかに偏《かたよ》っているとなかなか勝てないという教訓。バランスが大切だということである。

もう1つは、試合に臨む姿勢が大事だということ。ネッガ監督のようにネガティブなアプローチでは、失敗を「悪」として「守り」を強調する。また、ポッジ監督のようにポジティブなアプローチでは、成功を「是《ぜ》」として「攻め」を強調する。過去の試合を分析するときも、選手に勝利パターンを意識させ、次も必ず実行できると信じ込ませる。

スポーツの世界では、ポジティブなアプローチのほうが勝利する確率は高い。誰でも前向きに楽しい気持ちで試合に臨むほうが、持てる力以上のものを発揮できるというものである。

教訓⑤

失敗しないようにする前に、成功を強くイメージできれば、人生での勝利は近くなる。

Column

コーヒー・ブレイク

謎解きクロス……①

「謎解きクロス®」は著者が開発したパズルゲーム。通常のクロスワード・パズルは、タテ・ヨコ別の問題文からキーワードを見つけ出して記入欄に解答するが、**この謎解きクロスは、問題文が１つのストーリーになっていて、そこからキーワード（ゴシック文字）を拾って、記入欄のタテまたはヨコに解答する、というまったく新しいタイプのクロスワード・パズルです。**

問題文

「謎解き」イベントで街おこし

実りの**秋**になるころ、商店街にはさまざまな**糧**が並んで、にぎやかになる。

商店街会長の父も、70歳の**古希**を迎えた。昔の**仲間**からは「そろそろ息子に仕事を譲《ゆず》ればいい」と言われている。たぶんその話か……、父から居酒屋に呼び出された。家ではビール**モドキ**しか飲めない父は**うれし泣き**。そして、私は笑う**門**には福来《きた》るだと言って笑った。

父は今、秋祭りの**話し合い**を進めているが、いい案が出てこなかった。ジャンケン大会とかをしても**相子**の場合はどうするかなど、細かいところで異論が出た。

結局、**奇異**に映《うつ》るかもしれないが、「謎解《なぞと》き」イベントをすることになった。それぞれの店舗の**ドア**や**引戸**にヒントを貼り、参加者には街歩きをしながら、**絆**を深めてもらう。最近は商店街会員の**なり手**も少ないので、若い人が協力できるイベントにしたいというのが**動機**だ。

私は、友人のパズル小説家を**手配**して、謎解きイベントを企画。**暇**をもてあましていた父は、どこかから探偵ホームズのコスチュームを借り、商店街を歩いた。

お腹に**子ども**がいた嫁は顔に白い**粉**を塗《ぬ》ってヒゲを描き、エルキュール・ポアロになりすますと、若いお客さんを**相手**に探偵役を**謳歌**した。

◉上の問題文の中のキーワード（ゴシック文字）をひらがなにして、次ページのクロスワード・パズルの空欄を埋めてください。タテに入れるか、ヨコに入れるかは……？

《キーワード記入欄 ①》

Ⓐ			■			Ⓑ
	■		う		■	
		■	れ	■		
■	は	な	Ⓔ し	あ	い	■
		■	な	■		
	■		き		■	
Ⓓ			■			Ⓒ

◉上のパズルを完成させて、下の問いに答えてください。

《幸せを呼ぶ言葉 ①》

Ⓐ	Ⓑ	Ⓒ	Ⓓ	Ⓔ

ヒント　仕事でも人生でも、この言葉の原点には相手に対する「やさしさ」があります。どんな時代であっても、やさしさがある人には、幸せが降り注ぎます。

答えはP.137 にあります。

［第2章］

生活習慣を少し変えるための寓話5

◉……**すべてを自分の責任と考える**

自分の人生の主役は常に自分。ならば、他人に左右される生き方ではなく、自ら考えて行動する主体的な人生でありたい。悪いことはすべて「他人のせい」にして、よいことだけ「自分のおかげ」と考える……そんな人生では、いつまでたっても、自分が夢に描く成功への扉は開かない。すべてを自分の責任と考える習慣を身につければ、おのずと成功への扉のロックは解かれることだろう。

完璧主義ではなく、「最善主義」を目指す

寓話6　龍を描くときは……

あるところに、龍を描くことでは、右に出る者がいないくらいの名人の画家がいた。彼が描く龍は、まるで生きているようであり、その恐ろしい形相は一目見ただけで子どもが泣き出すほどの迫力であった。

あるとき、彼は寺のふすまに、この世に二つとない龍を描くことを頼まれた。意気込んだ彼は、今までの自分の力をすべて結集し、一世一代の龍を描こうとした。

刻一刻、描かれていく龍を、僧侶たちは誰しも息を飲んで見守っていた。そして、いよいよ完成の日がやってきた。

みな、口々に感嘆の言葉を発したが、名人の画家は「まだ完成ではない。最後に、この龍に目玉を描き込むことで、完璧になる！」と言って、黒墨の絵筆を手にとり、龍に目玉を描き入れた。

すると、どうだろう。

彼の最高傑作であるべき龍は、目玉を描き入れたとたん、本当に命を吹き込まれたのか、動き出し、ふすまから抜け出して、雲をたなびかせ、雷鳴とともに天高く飛び去ってしまった。

あとには、龍が居なくなったふすま絵だけが残り、画家がそれまでに要した、せっかくの時間と苦労は水の泡となって、消えてしまったのである。

……出典～中国故事「画龍点睛」より（※自由国民社『世界の故事・名言・ことわざ』参照）

【解説】

この寓話は、中国故事の「画龍点睛《がりょうてんせい》を欠く」の話を筆者が翻案したものだ。画龍点睛とは、龍の目玉を描くという意味で、それを欠くということは、「一番肝心な部分が不足している」ということである。

ここでは、必要以上に完璧を求めず、ほどほどでいいという教訓寓話として仕立てた。

この教訓は、かつての日本のメーカーにとって、耳の痛い話かもしれない。失われた30年といわれる平成の時代、日本の家電メーカーは常に最高の製品品質を求め、工場に投資を続けた。その結果、消費者ニーズを超えた機能美を訴求し、「ふつうの機能があれば安価のほうがいい」という外国メーカーの軍門に下《くだ》った経緯がある。

スポーツの世界で、たとえば野球などでも、完璧を実現することはできない。バッターの場合、ときには1試合で「5打数5安打」があるのかもしれないが、シーズンを通せば4割バッターは出てこない。10本打って3本ヒットにできれば、立派な巧打者なのである。

教訓⑥

必要以上に完璧を求めると、えてして責任を果たせない。ある意味、いいかげん＝「よいかげん」が必要となろう。

一日一生《いちにちいっしょう》を実行する

寓話7 修行寺での問答

とあるマンションの休日。ある独身男が住む部屋のドアを美女がノックした。

「一緒に、ハワイに行きませんか？」

見せられたパンフは大手旅行代理店のもの。断ると、翌週には別のパンフを持ってきた。

「一緒に、グァムに行きませんか？」

男は今度も断ったが、やがて美女の来訪を待つようになった。

「あたしは、もう、あなたのものよ」

男は会社に休暇届けを出し、夢のような沖縄離島ツアーに出かけた。

やがて帰ってきた男は、美女と空港で別れ、自分のマンションに戻ったが、ドアが開かない。

あわてて、管理会社に連絡した。

「お客様は引っ越されたので、カギも替《か》えてありますが……」

事情を話し、合いかぎを借りて中に入ると、部屋の中は、もぬけのカラ。サイフの中には数千円しか残ってなく、問い合わせてみると、預金残高もゼロ。クレジットカードも使えなくなっていて、借金だけが残った。男は、はめられてドン底に落ちたのである。

それから会社も辞《や》め、あとは何をしてもうまくいかず、借金から逃《のが》れるようにして、とある「修行寺」にたどり着いた。

男の修行は、広い庭の掃除から始まった。いくら落ち葉を掃《は》いても、しばらくすると、また積もった。男は和尚に願い出た。

「毎朝掃いても、落ち葉は積もります。一週間分をまとめて掃くのでは、どうでしょうか」

「なるほど、わかりました。あなたが、もしそうしたいなら、それもいいでしょう」

その日の夕方。男のお膳には何も載ってなかった。

「今日は、よく動いたので腹ペコです。和尚さま、わたしに夕飯をお願いします」

「これはおかしなことを……。夕食も、一週間後に、まとめて食べればいいでしょう」

男は自分の間違いに、はたと気がついた。和尚は続けた。

「毎朝、心に積もった落ち葉を掃き清め、それから一日を始めるのです」

……出典～中小企業家同友会勉強会『仏法説話』より（※きらぼしコンサルティング「きらぼし2019年8・9月合併号」掲載）

【解説】

この寓話で語られたテーマは「一日一生」。仏教の大切な教えの一つである。

朝、起きると、自分が生きて呼吸していることに感謝する。昼は、自分が平和な世界にいることに感謝する。そして、夜は、一日が無事に終わったことに感謝する。それさえできれば、一日は一生と同じくらい貴重なものになるという教えである。

たとえ、その日が自分にとって人生最期《さいご》の一日であっても、ありがとうと感謝することで心に平穏が訪れる。

絶好調の一日でも、ドン底の一日でも、それは奇跡の一日に変わりない。人生とは、「ありがたい」と思うこと、すなわち「滅多にない奇跡」の連続なのである。何もないと感じる朝であろうと、きっと「ありがたいこと」が一つや二つは存在するのである。

人生は、すべてオリジナル。たとえば、路傍《ろぼう》に咲いた花のけなげさ、暮れゆく夕陽の美しさ、どこまでも目が澄《す》んだかわいい人に出会えた喜びは、すべて、あなたの人生のかけがえのない宝物なのである。

教訓 ⑦

その一日を一生と思って感謝する気持ちがあれば、人生のドン底さえ、乗り越えるパワーにつながるだろう。

時間とのつき合い方を変える

寓話8　毎日が自由時間

ある男が、40年近く続けたサラリーマン人生を卒業した。

彼は、それまで遅刻したことが一度もなかった。家に帰れない場合は、職場近くのサウナで朝まで過ごして出社。会社にきちんと通うことが、自分の仕事だと思っていた。

そんな彼は30代で結婚し、娘も一人授《さず》かった。波風の少ない、平凡なサラリーマン人生だった。そして、とうとう出社しなくてもいい朝がきた。

在職中は昼まで寝坊してみたいと思っていたが、いつも通りの朝5時には目が覚め、あとはテレビを観ることぐらいしかすることがなく、ダラダラした毎日であった。

やがて、「さよなら」というメモを残し、妻と娘はどこかに出て行ってしまった。広い家ではなかったが、一人で住むには広すぎた。空気が冷たく、室内は閑散としている。

ある日、外に出てみた。習い性で家を出た時刻がちょうど通勤ラッシュと重なり、改札口は混雑していた。そのため、電車に乗ることをあきらめ、商店街をぶらつき、喫茶店に入ってトーストとゆで卵を食べ、コーヒーを飲んでみたが、そのあとは、することがなくなった。

午前9時半の商店街は、ようやく眠りから覚《さ》めたところだった。

公園に行き、図書館で雑誌をめくり、街道沿いにあるファミリーレストランに入ってみた。店内は、やがて主婦や高齢者、若者で満席になった。

「日替りランチとグラスビール！」

アルコールが少し入ると、いくぶんか元気が出た。そのあと、カラオケボックスに行き、一人カラオケをした。十八番《おはこ》が三曲ほどあったが、一通り歌うと、またもや、することがなくなった。ボックスで酒を飲み、ソファで昼寝をした。そして、外に出たが、まだまだ明るかった。

自分が何をすればいいのか、それまでは、妻や子どもが教えてくれた。ふつうに円満な、仲のいい家族だと思っていた。

これからは毎日、自分一人で生きていかなければならない。明日、何をすればいいのか、何をしたいのかもわからないまま、たぶん、あと一万日も生きていくことになるのかもしれない……。

………出典～洪自誠著・今井宇三郎訳注・岩波文庫『菜根譚』参考
（※菜根譚については、自著・秀和ビジネス『菜根譚がよ～くわかる本』で現代語訳および新解釈を試みている）

【解説】

時間には、「みんなの時間」と「わたしの時間」の2種類がある。時間の使い方というとき、そのどちらの時間のことをいっているのか、明確にする必要がある。みんなの時間は、誰か一人の意思では決まらない。主導権はみんなにあるのだから、誰か一人の自由にはならない。

この寓話の元サラリーマンも、会社で流れていたのは「みんなの時間」であり、みんなが守っていることに従うことで流れていた。休日に家族と過ごす時間もみんなの時間であり、自分が勝手気ままに動かせない。サラリーマンの日常はみんなの時間で埋《う》まり、わたしの時間は恐ろしく少なかった。そのため、みんなの時間の使い方ばかり考えてきた人間が、定年退職すると、そこから先のわたしの時間の使い方が、まるで雲をつかむようなことになる。

動物園で飼育されたライオンが、もし、野生の地に放たれたら、はたして何をすればいいのか、皆目、わからなくなる。わたしの時間の使い方がわかるまで、試行錯誤を続けるしかないのである。

教訓⑧

サラリーマン生活をしていても、〈朝はいつもより30分早く起きる〉〈休日にはいつもならできなかったことをする〉などすれば、「わたしの時間」を入手することができる。試行錯誤をして、ぜひとも体験しておきたい。

情報のシャワーから逃《のが》れる

寓話9 大勢からの悪口

ある重臣の話。君主に信頼されていたその重臣は、敵国との戦争回避のため、人質《ひとじち》として相手国に出向き、長期間、城を留守にすることになった。

重臣は、留守中に同僚が、自分の役職を狙って、いろいろな企てを実行するとみていた。城にいなければ、それらの企てを阻止することはできない。

そこで彼は、先手を打って君主にお願いをした。

「一つだけ、お願いがあります。私の留守中、おそらく私の悪口を言う者が出ると思いますが、王にはそれを信じないでいただきたい」

君主は、笑ってうなずいた。

「そんなことは、わかっておる。心配するな」

重臣には、自分のそんな心配を君主が軽んじている気がして、さらに続けた。

「もし誰かが、城下にトラが出たと言ったら、王は信じますか」

「ばかなことを申すな、信じるわけがない」

「では、二人の者が、城下にトラが出たと言ったら、どうでしょうか」

「むろん、信じることはない」

「それでは、五人もの人間がみな、トラを見たと言ったら、どうでしょうか」

「うーん……それなら、信じるかもしれぬな」

「城下にトラがいないことなど、誰もが知っています。しかし、何人もの人間が声をそろえてトラが出たと言えば、どうしても信じてしまうものです」

「よくわかった、心得ておこう」

「はい。くれぐれもわたしの悪口には、耳をかさないよう、お願いいたします」

しかし、その重臣が予見したように、複数の人間が彼を陥れようと悪口を言い、君主はそれを信じてしまったために、役目を終えても、重臣は城へ帰還することがかなわなくなってしまったのである。


………出典〜中国故事「市に虎あり」より（※自由国民社『世界の故事・名言・ことわざ』参考）

【解説】

情報化社会の到来といわれて、四半世紀がたった。

今や私たちの住む社会は、情報なくしては考えられない。しかし、その情報にも自分で「コントロールできるもの」と「コントロールできないもの」とがある。

この寓話にあるように、自分がコントロールできない情報について、何かを期待しても、その通りになるとは限らない。情報は、勝手に増殖する。それをコントロールするのは至難の業《わざ》だ。

では、どうすればいいのか。

一案だが、コントロールできない情報から、遠ざかる時間をつくることが効果的かもしれない。たとえば平日、インターネットにアクセスする機会を一日一回に限定する。休日には携帯電話をオフにしてしまうなど。それらを習慣化し、友人・知人にも理解を求めておくのである。そのことで、逆に情報に対して敏感になり、対応のミスも減るのではないだろうか。

教訓⑨

自分でコントロールできない情報に関しては、注意を怠《おこた》らず、しかし深入りしない生活を送るのがよい。

仕事も恋愛も、ワクワク感を忘れない

寓話10 運命という名のオセロゲーム

その日は、朝からついていなかった。

通勤の最寄り駅。改札を抜けるとき、電車がホームに入ってきた。走って階段を駆け下《お》りたが、ホームでは降《お》りてきた人の波で前に進めず、目の前で電車のドアが閉まった。

会社で仕事に集中しすぎて、うっかりランチタイムに入ってしまい、近くの食堂は長蛇の列。仕方なく、割高のレストランで高級ランチを食べるはめになった。

仕事が終わり、デパートの地下食品売場に立ち寄ると、買いたい商品に「3割引き」のシールが貼られていた。カゴに入れ、支払いをすませたところで、割引きシールが「半額」に変わっていた。

マンションに戻ると、高校時代の同窓会案内がきていた。

卒業して15年。すでに結婚した者もいれば、離婚した者までいた。彼には逢いたい女性がいた。お互いに気になっていたはずなのに、踏み出せなかった過去がある。

出席の返事を出し、とうとう、その日がやってきた。

最寄り駅で電車に乗り遅れ、たどり着いたら受付には人が残っていなかった。あわてて会場にもぐり込んだが、15年しか経っていないのに、見知った顔が見当たらなかった。

「すみません。遅刻して、受付をまだ済《す》ませていないのですが……」

「あ、そう。ところで、あなた誰？」

「わたしは……、あっ……」

よりによって、一番会いたくない男に声をかけてしまった。それだけ印象が鮮明な、苦手な相手だった。逃げるように壁際まで進むと、そこに逢いたい彼女がいた。用意してきた台詞《せりふ》を言うチャンスがいきなり巡ってきた。

「ごめん、15年も待たせて……」

「いいの、そんなの。わたしは今、バツイチのシングルマザーだけど……」

話が弾《はず》み、二次会を経て、自分のマンションで三次会をすることに。

それまで悪かった自分の運命が、まるでオセロゲームの白と黒のコマのように、バタバタと反転するのを感じた。


……出典～内閣府「人間中心のＡＩ社会原則」参考

【解説】

科学者で哲学者のバートランド・ラッセルは「他人と比較している限り、誰も幸せになれない」と説《と》いている。幸せの基準は、常に「自分」にある。その基準が、他人の目を借り、どう見られているかばかりにこだわると、他人に魂を抜かれてしまいかねない。

この寓話の主人公は、何かが起こるたびにそれに対処した。その結果は、たいていが自分の思い通りにならず、敗北ばかりであった。そのような人生に幸せはない。誰かと競う人生ではなく、自ら新しいことにふれ、チャレンジすることでワクワクし、感動し、幸福になれる。

運がいい人というのは、神様から幸運を授けられる人のことではない。目の前のチャンスに気づき、対応できる人のことである。

社会は、いいことと悪いことが同じ数だけある。要は、悪いことが起きたとき、それを気にせず、次のよいことを発見できるかどうかにかかっている。

寓話の主人公は、運命というモノサシを捨てたとき、幸せの入り口に立っていたのである。

教訓 ⑩

人生を「運」で語っているうちは、本当の幸せはやってこない。

［第3章］

正しい目的を見つけるための寓話5

◉……とことん考えて決める

ただひたすら行動しているのと、向かうところの意義を知って行動しているのとでは結果が異なってくる。人生はすべてその人のオリジナルなのだから、誰かが書いた脚本に従って生きるのではなく、自分が思い描いたシナリオを手に、自らが正しいと信じる道を歩み、次なる扉を開けてみることをおすすめする。

達成すべき目標を立てる

寓話 11　還暦同窓会

大学の卒業式を終え、仲のよかった三人は進路について語り合った。

A君は「人生の目標は、幸せな家庭を築くこと」と言い、金融機関の事務職となった。

B君は「人生の目標は、一流のエンジニアになること」と言い、自動車部品メーカーに勤めた。

C君は「人生の目標は、困っている人を救うこと」と言い、司法試験の合格を目指した。

二十代のころ、三人は何度か集まり、近況報告をし合った。しかし三十代になると、A君は結婚して子どもが生まれ、B君は地方都市に転勤となり、C君はアルバイト生活をしながら、なかなか合格できない試験勉強を続け、ときどき海外も放浪していたので、三人は一度も会うことがなかった。

そして、四十代から五十代と、年賀状だけの関係が続き、三人は還暦を迎えた。誰彼ともなく、「還暦だから集まろう」ということになり、町の居酒屋でおち合った。

A君のいた金融機関は合併を繰り返し、四十代でリストラに遭《あ》って、今は派遣社員として、警備の仕事をしていた。彼は言った。

「十年前に離婚してね。今は、気楽な独身のアパート暮らしさ」

B君は自動車部品メーカーで技術主任をしていたが、定年を迎え、次の就職先を探してハローワークに通っていた。彼が身につけた技術はIT時代にそぐわなかったので、今はIT講習を受けていると言った。

「うちは離婚してないけど、妻は実家に帰ったまま戻ってこない。逆三下り半《みくだりはん》ってやつかな」

C君は司法試験をあきらめ、三十代後半に不登校の子どもを支援するNPO法人を立ち上げて、地道な活動を続けていた。その活動はテレビでも紹介され、ボランティアにきた若い女性と結婚したのは四十代の半《なか》ば。一粒だねの息子はまだ高校生だが、NPOを支《ささ》える貴重なスタッフとなっていた。

A君とB君は、口をそろえて言った。

「困っている人を救いたいなんてキレイごとだと思っていたけど、社会貢献をするNPOの仕事も幸せな家庭も、C君は両方を手に入れた。一番の幸せ者かもしれないな……」

……出典～総務省「令和元年版情報通信白書」参考

【解説】

寓話に出てくるA君は、仕事も会社も「幸せな家庭」を築くための手段にすぎなかったが、挫折してしまった。

B君は、「やりたい仕事」を見つけたものの、技術のスキルアップより中間管理職としてのレベルアップを求められ、全国を転勤して歩くうちにお払い箱になってしまった。

C君は、「困っている人を助けたい」と、人生の目標を社会貢献においた。弁護士試験の合格には至らなかったが、特別な資格がなくても社会貢献ができる道を発見し、そこに身を投じた。

家族のために働いてもいいし、自分のスキルを磨くのでもいい。しかし、最終的な満足が何によって得られるのか。よくよく考えて、わかってくれば、仕事の選び方、努力の方向が変わってくるのではないだろうか。

教訓⑪

自分の仕事を通じて、何ができるのかを模索しよう。それが最終的に家庭や仕事での幸せにつながる。

成功へのストーリーを描き出す

寓話 12　原点に立ち返る勇気

とある山岳地帯でのこと。

山歩きをしていた総勢10名の団体が、激しい地鳴りに襲われた。

地割れはなかったものの、立っていられない激しい揺れが続いた後、すぐ近くまで来ていた山頂からゴゴゴッ……という爆音とともに、黒い噴煙がもくもくと沸き上がった。

茫然と立ち尽くすうち、いつの間にかあたりは噴煙でみたされ、数メートル先までしか見通せなくなった。道にも細かい砂のような火山灰が積もり、周りの景色はすっかり変わってしまった。

「みんな、無事かい?　また噴火があるかもしれない。ここにいては危険だ。7合目の中継地点まで、戻ろう」

団体は、揺れがおさまった山道を、互いに声をかけ合いながら歩き続けた。

ところが最初は10名いたはずのメンバーが、およそ2時間後、視界が戻った山道で確認すると、わずか3人の姿しかなかったのである。

自分たちだけが早かったのか、それとも遅かったのかわからない。山道には火山灰が積り、あたり一面はどこがどこやら、同じ風景にしか見えなかった。

早く安全な場所に避難しなければ……。三人はそれぞれ自分のポケットの中を調べてみた。チョコレートや乾パンなどは見つかったものの、コンパスはなく、どの方角に行けば助かるのかもわからない。

途方にくれている二人を尻目に、あとの一人が落ちていた枯れ枝を拾い上げ、地面に大きな矢印を描いて、その矢印が向く方角に①と書き込んだ。

続いて、その矢印から時計回りに90度のところに②の矢印を描き、同じようにして③と④の矢印を描いた。つまり、東西南北の4方向を示す矢印が描かれたのだった。

「火山灰に埋《う》もれて、ここからどの方向へ戻ればよいのか、皆目見当がつかない。でも、この4つの矢印の方向のどれかに最初に来た道があり、7合目の中継地点まで戻れるはずだ。そこで矢印の一本ずつを検証して、どの矢印の先が本当の道につながるか、確かめてみよう」

意を決した三人は、まず①の矢印の方角に向かって慎重に進んだ。ところが、途中で崖《がけ》になっていた。三人は、元きた道を戻って矢印のあるところまでたどり着いた。

「今度は、こっちの道を試《ため》してみよう」

「よし、わかった。今度は、行けるといいな」

三人は②の方角へまた慎重に歩き始めたが、その先は高い頂《いただ》きになっていた。目指す中継地点は低い位置にあるはずなので、三人は今来た道を慎重に戻った。そして……。

やがて、数時間が経った。三人は無事、安全な7合目の中継地点まで返り着いたのであった。

救助隊員が三人に暖をとらせ、けがの治療をし、食べる物も提供してから聞いた。

「あの厳しい状況で、どうやって下山できたのか？」

「自分たちの居場所はわからなくなったが、4方向のどこかに道があることはわかっていた。だから、4つの方角を順番に試してみたんだ」

迷ったら原点に立ち返り、また別の方向を試してみる。3人はたまたま三つめのトライで、見知った道にたどり着き、無事に下山ができたというわけだ。


……出典〜ユバル・ノア・ハラリ著・河出書房新社『ホモ・デウス（上・下巻）』より

【解説】

ここで問題にしたいのは、必死に努力して向かった場所が、望んでいるものとは違っていた場合である。そんなときには、原点に立ち返る勇気が必要となる。これまで歩いてきた道を捨て、原点に戻り、改めて別の方向へとスタートを切る。それを繰り返しているうちに、いつか、本物の道とめぐり逢える。そこまで覚悟を決めて、事に当たれるかどうかをこの寓話は示唆しているのである。

教訓 ⑫

成功するには、目的が明確でなければならないのとともに、そこに至るプロセスも重要。そして、間違った道に迷い込んだ場合は原点に立ち返り、別のプロセスを検討してみることだ。

高い所にのぼり、下界《げかい》を眺《なが》める

寓話13 大勢の刺客との死闘

生涯でおよそ七〇戦して一度も負けなかったといわれる剣豪・宮本武蔵《みやもとむさし》。相手が一人なら、武蔵に勝てる者はいなかった。だが、大勢に囲まれて一気呵成に攻め立てられれば、武蔵といえども、どうだったのか。そんなおり、因縁の対決が行なわれた。

相手は、敵討《かたきう》ちの名義人である12歳の少年源次郎一人。京都の剣術の名門・吉岡道場の後継者であった。もちろん、敵は宮本武蔵。

その少年の周囲には道場門下の大勢の助っ人が潜《ひそ》んでいた。開始二時間前、高い一本松の下に少年を立たせ、門下の刺客たちが周囲の繁みに身を隠していたのだ。

いざ決闘の時刻となった。すると、少年の前にストンと、大きな黒い影が落ちた。

「あ、武蔵だ！」

刺客たちが気づいたときには、すでに少年は一刀のもとに切り捨てられ、当の武蔵は一目散に駆け出していた。

武蔵は彼らよりも前にこの地に着いており、目印の下り松の上にのぼり、刺客たちの配置を見据えていたのである。

駆け出してから、武蔵は田んぼのあぜ道の手前で立ち止まり、呼吸を整えて、刺客たちが追ってくるのを待った。

刺客たちが次々と集まってきた。と、それまで待っていた武蔵は、クルリと身をひるがえし、田んぼのあぜ道を走り始めた。

「ま、待て！　逃げるか」

刺客の一人が武蔵を追ってあぜ道を走り、ほかの刺客たちもそれに続いた。あぜ道は、ちょうど一人が通れる幅しかない。左右は水を張った田んぼで、落ちたらぬかるみに足をとられることになる。

ちょうど、刺客たちのほぼ全員があぜ道に入ったところだった。武蔵はあぜ道の途中で立ち止まり、振り返って剣を構えた。

先頭の刺客はようやく気がついた。目の前には一対一の決闘では負け知らずの武蔵がいたのだ。右か左に逃げても田んぼに足をとられ、そのすきに刀で突かれる。

謀《はか》られた！……それが彼の最期の言葉となった。

武蔵は、次々と刺客たちを斬り捨てていった。後ろの刺客たちもこのあぜ道での戦いが武蔵の罠だったことを知ったが、時すでに遅し。あわてて、田んぼに落ちて逃げる刺客まで出る始末となった。その状況を確認した武蔵は背を向け、悠然と歩き始めた。

……出典～吉川英治著『宮本武蔵』より

【解説】

これは作家・吉川英治が描いた小説を筆者なりに脚色したものだ。はたして史実なのか、また少年を斬り捨てたことについての是非《ぜひ》については、本題の目的ではないので、ここで言及することを避けるが、教訓となることがいくつも含まれている。

個人の力には限界がある。それでも大きな集団と戦わなければならない場面もあるだろう。武蔵は高みに立って全体を見渡し、「一対一」の戦いに持ち込むための戦術を練《ね》ってから、ことに挑んでいる。

自分一人で戦う場合、一対一の構図に持ち込むことは有効な手段だ。これは現代ビジネスで、「顧客接点の強化」という内容で説明される、立派な戦略となる。

ビジネスの世界では、抽象的な「顧客」など、一人もいない。具体的な大勢の顧客がいても、商品の交換となるのは、常に「一対一」の現場なのである。

教訓⑬

戦いでも仕事でも、高みに立つことができれば、おのずとやるべきことが見えてくる。あとは、自分の得意とするところで勝負を進めればよい。

とことん考えて、あとは無用の心配をしない

寓話14 不安を打ち消す方法

コンピュータ販売で大成功をおさめ、業界トップに君臨する経営者がいた。すでに数千人いる従業員のトップとして舵《かじ》取りをしていたその社長は、強面《こわもて》で知られていた。どんな取材にも強気で見通しを語り、成果を出し続けた。

しかし、それはひとたび自宅を出たあとのこと。全盛期でも、なかなか眠れないことがよくあった。そんなときには、無理に眠ろうとせず、寝間着姿のまま書斎に行った。

机の上には、いつも大学ノートが置いてあった。それを開いて、まず日付を書き入れる。

そして、「今、気になっていることは何か」を静かに自問する。

「その1、このところノートパソコンの売上げが下がっているのが、気になって仕方ない」

「その2、ノートパソコンの導入によるお客様のベネフィット（利益）は何か」

「その3、ベネフィットのなかでも、お客様がとくに気にするポイントか」

社長は、社員とお客様の顔を思い浮かべながら、さらに考える。

「その4、どんな言い方をすれば、お客様にわかってもらえるか」

「その5、何か、そんなに予算をかけずにできるキャンペーンはないか」

思いつくまま、社長はノートに書き出していく。

「その6、売上げが落ちてきたのは、意思伝達で不都合な部分があるのではないか」

「その7、逆に、売上げが伸びていたときは、その理由がどこにあったのか」

「その8、理由が明確化できた段階で、新たな対策を打つことを確認すべき」

……………


答えが論理的でなくてもよかった。とにかく、気になっていることを書き出し、一つひとつ、自分なりの答えを出して書いていった。その数が「10」になるとペンを置き、読み返してみた。


そして、目を閉じて、心に言い聞かせた。

「これで大丈夫、これで大丈夫、これで大丈夫……」

社長は、再び寝床についた。今度は、すぐに眠りにおちた。


……出典～NEC販売点会会報誌「大塚商会取材ノート」より

【解説】

経営に限らず、仕事をしていると、どこかで大失敗をしてしまうことがある。ある日、突然、ドン底に落ちてしまうこともある。

この寓話で取り上げたコンピュータ販売会社のカリスマ社長も、何度かドン底に落ち、そこからはい上がってきた。極端な円高、景気の減速、銀行の冷酷な扱い。経営トップは、気の休まるいとまがない。しかも、すべての責任は自分にあるとして、ドン底の現実とその責任を認めなければ、逆転することもおぼつかない。

そこでなすべきことはただ一つ。ドン底からはい上がるために、現状を受け入れ、新たな手を打つことだ。ピンチは、チャンスに変えるためにある。ドン底も、チャンスに変わる。

心配しても、どうにもならないことは心配しない。しかし、そのためにはとことん考える。考え抜く。わかっていても、潜在意識が不安をあおってくる。そこで、ノートに「10」の心配事を書き出し、自問自答することで難局を乗り切るのである。

教訓⑭

自分の判断でよい。とことん考える。それを日々、繰り返すことで安眠できる。

できないことがあっても、当たり前と心得る

寓話15 大ヒットしたある調理家電の話

ある家電メーカーでの話。それまで業務用として使われていた調理機械を、コンパクトな家庭用に転用するプロジェクトが生まれた。

まず、アタマの中で考えて、「これを使えば、家庭にある食材を、キッチンでちゃんと調理できる」という趣旨の企画書をつくり、プロジェクトはスタートした。

研究所の男性事業部長が、女性スタッフばかりの20名体制の中でトップとなり、実験の舵《かじ》取りをした。

最初は、食材を調理する時間もわからず、試行錯誤を繰り返した。

「うわー、焦《こ》げちゃった……、時間が長すぎたのかな?」

食材が焦げてしまったり、生煮《なまに》えだったりしたが、部長は気にしなかった。「焦げる」ことと「生煮え」は、いずれも貴重な実証結果であり、失敗ではない。なぜなら「焦げる」と「生煮え」の中間に、求めている「こんがりとした焼き具合」があるからだ。

失敗は、正解を知るためのステップなのである。

失敗が1000回を超えたころ、ようやく方針が固まった。試作中の調理器具でできないことを探し出し、方向性を定めたのである。

たとえば素材から調理する場合、この調理器具は煮魚やシチュー、カレーなどには適し、唐揚げ、フライ、天ぷら、焼き魚などの調理には向かない、などが判明。しかも、大発見があった。スーパーなどで惣菜として売られている唐揚げ、フライ、天ぷらを、その調理器具で再調理すると、油分が減ってヘルシーになると同時に、揚げたての風味も戻ってくる。

「こりゃあ、小料理屋で揚げたてを食べている気分だな」

「え、そうなんですか？　事業部長、今度、私たちも連れてってください」

その後は、あらゆる家庭料理の調理を試し、デザートも加えた。

「プリンと茶碗蒸しは、この調理器具の得意料理になるかもしれないな」

失敗するたびに改良点を探し出して修整を加え、完成品になるまで5000回もの試行錯誤があったものの、調理器具は、大ヒット商品となり、今でも家庭の調理ツールとして活用されている。

………出典～日本科学技術連盟「クオリティマネジメント誌」取材ノートより

【解説】

新製品の開発は、日本のお家芸だ。それは、大学の研究室でも通じるものがある。日本の場合、アイデア勝負というより、手を変え、品を変え、何千、何万と実証実験を繰り返すうちに突破口を見いだし、やがてノーベル賞級の発見につなげるのである。

この寓話の新しい調理器具も、5000回までの実験の目的は「できないことを見つけること」であり、失敗の理由を探して、対策を練るプロセスであった。

リアルな世界では、思いがけないことが起きる。もしも失敗が苦痛でしかなければ、発見する前に根負けして中断することにもなるだろう。

この寓話では、何度失敗しても当たり前のことと考え、モチベーションが下がらなかったところに学ぶべき点がある。思いもよらないことが起こる条件を特定できたことが大きな喜びであり、かれらはその発見をたたえ合い、それを糧《かて》にして商品化につなげるという成功を勝ちとったわけだ。

教訓⑮

ものの開発は、できないところがスタート地点である。愚直な行動を繰り返すことを美徳となせば、成功できる鉄則を編《あ》み出せる。

Column

コーヒー・ブレイク

謎解きクロス……②

「謎解きクロス®」は著者が開発したパズルゲーム。通常のクロスワード・パズルは、タテ・ヨコ別の問題文からキーワードを見つけ出して記入欄に解答するが、**この謎解きクロスは、問題文が１つのストーリーになっていて、そこからキーワード（ゴシック文字）を拾って、記入欄のタテまたはヨコに解答する、というまったく新しいタイプのクロスワード・パズルです。**

問題文

いつも二人で

二人が出逢った渚でのこと。花嫁は**靴**を脱《ぬ》いで裸足《はだし》になり、砂浜を走った。**踵**が痛くなったが、そのときの経験はどんな出来事よりも印象的だった。**理屈**では説明できないが、幸せのモノサシで測《ばか》れる**範囲**を越えていたのである。

彼は、いきなり交際を申し込んだ。あなたが**隣り**にいてくれたら何もいらない……。

それは**大河**ドラマのように、波乱万丈の未来に続いた。いくつかの**四季**が過ぎて**教会**の**鐘**が鳴りひびき、**披露宴**となる。花婿への祝辞は、他の**案**もあっただろうが、だいたいがよくできた孝行息子という賛辞が多く、「トンビが**鷹**を生んだ」という話だった。

花嫁は**気品**あるウェディングドレスを脱ぎ、**明日**から長い旅に出る。**ズタ**袋には、少しのお金と、たくさんの夢を詰め込んで歩き始めた。二人は家庭の習慣という**垣根**を越え、メリ**ハリ**のある人生を送ることだろう。花嫁は、母に言われた。

「たとえ倦怠期がきても、大好きな**クイズ**番組でも見ながら、笑い合うのよ。**気長**にいい家庭を築く努力をすれば、幸せを照らす**明かり**はずっと消えることはないのだから」

粋な夫婦だといわれる、確かな**証**となる道を、二人で歩んでいくことでしょう。

◉上の問題文の中のキーワード（ゴシック文字）をひらがなにして、次ページのクロスワード・パズルの空欄を埋めてください。タテに入れるか、ヨコに入れるかは……？

《キーワード記入欄②》

Ⓐ			■			Ⓑ
	■		ひ		■	
		■	ろ	■		
■	き	ょ	Ⓔ う	か	い	■
		■	え	■		
	■		ん		■	
Ⓓ			■			Ⓒ

◉上のパズルを完成させて、下の問いに答えてください。

《幸せを呼ぶ言葉②》

Ⓐ	Ⓑ	Ⓒ	Ⓓ	Ⓔ

ヒント この言葉は、「滅多にない、奇跡的な出来事」という意味からきています。

答えはP.150にあります。

[第4章]

自分のモノサシを持つための寓話5

◉……成功につなげられるかどうかを基準にする

それぞれの人生はすべてオリジナルだが、人は自分がやりたいことをすべて実行できるわけではない。何でもすべてやろうとすると、全部が中途半端になってしまう。それが成功につながるかどうかを基準にして、何を優先して行なうべきかを見つけ出し、それが確かに重要だと認識できたら、勇気をもって歩き始めよう。

今の自分にとって何が重要かを考える

寓話16　やり残した夢

ある日のこと。朝、目覚めたら、枕元に天使がいた。

「おはようございます」

なぜ、天使だと思ったのか。彼が、手の平に乗るくらいの大きさしかなかったことと、その神々《こうごう》しさゆえ、勝手にそう思っただけだ。

「これは、これは。ご苦労さまです」

なぜだかわからないが、礼儀正しくしなければいけない気がした。

「あなたの命は、今日で終わります。今日一日を心安らかにお過ごしください」

突然、天使から思いもよらぬことを宣告されたが、どうせ、この世に未練もなかったし、

「はい。覚悟はできています。とり乱すことなく、自分の命をまっとうします」

と、ややあってからそう答えた。

天使は、ほっとしたのか、性格のよさそうな笑みを浮かべた。

「そう言ってもらうと、助かります。最近は悪人ばかりで、地獄が大混雑して、困っています。今日一日を平穏に過ごせば、あなたは晴れて、天国の住人となるでしょう」

「ありがとうございます」

「つきましては、あくまでも手続き上のことですが、二、三、質問があります」

天使は、指揮棒のようなものを振って、筆記用具を取り出した。

「今生《こんじょう》の別れに、会いたい人はいますか？　一人だけなら、かなえてあげましょう」

「別れた妻に一言、さよならを言いたいのですが……」

「わかりました。あと、戻りたい時代はありますか。死後、その時代を通って行きます」

「初めて東京に出てきて、大学に通ったころですかね」

「わかりました。それでは最後の質問。やり残した夢は、ありますか。今夜、見られるはずです」

「そうですね。本当は悪魔になって、わたしをイジメた奴らに仕返しがしたいですね」

「え、イジメられた？　それは許せませんね。悔しくて、心残りでしょう……わかりました。しっかり復讐しましょう」

「そして、あなたも一緒に地獄に落ちてください」

………出典～内閣府「高齢者白書」参考

【解説】

人の命に限りがあることは、誰もが承知している。そして、いつかは最期の日がくることも理解できる。そのときは、この寓話のように突然かもしれないし、医者などに余命を告げられ、その日を少しずつ待つことになるのかもしれない。

いずれにせよ、間違いなく、その日はやってくる。問題は、その日をどのような気持ちで迎えられるかということである。最期の日は、「あくまでも個人的な出来事」であり、どんな死も「すべてがオリジナル」として終わることになる。

それゆえ、自分の命が終わるとき、自分以外の他人のモノサシで自分の人生を振り返ることは、愚の骨頂である。自分の運命を他人に判断してもらうことはできない。同じように、自分の人生が「成功だったのか」、「幸せだったのか」などの基準も、他人のモノサシではなく、自分のモノサシで判断すべきなのだ。

教訓⑯

自分のモノサシで人生を振り返ると、自分が生まれてきた意義に気づき、これまで生きてきた意味に思いいたり、これから生きていく力が湧いてくる。

仕事の進め方を工夫する

寓話17 負けず嫌いの男

何に対しても、負けず嫌いの少年がいた。

クラスメートが何かをしていると、負けたくない一心で、自分もそれに挑戦した。

「けん玉、できる?」

「もちろん、できるさ。来週、けん玉で遊ぼう」

少年はそう答えると、ひそかに一人で練習をして、一週間後に友だちとけん玉で遊んだ。

「サッカー、うまい?」

「野球じゃなくて、サッカーね。レギュラーを目指しているし……」

少年は、親に頼み込んで、少年サッカークラブに入り、3ヵ月後、友だちと一緒にサッカーを楽しんだ。

少年は大変な努力家だった。勉強でも、他人に負けるのが嫌で、一生懸命勉強した。

やがて、少年は大人になり、就職して大手企業に入った。

相変わらずの負けず嫌いで、同僚に負けたくないと仕事を頑張り、進んでサービス残業もした。しかし、役職でいえば、係長クラスに甘んじ、伸び悩んだ。部下を育て、マネジメントする力量がなかったからだ。

そんな彼が交通事故に遭い、骨折で入院したのは35歳のときだった。会社の部下が見舞いに来た。

「ぼくがいないと、仕事が大変だろうけど、頼むよ」

「任せてください。わからないところがあったら、メールしますから」

「ありがとう。3週間だけ、頼むよ」

仕事のことが気になり、早めの復帰を望んだが、リハビリも含めて、結局、復帰には3ヵ月かかってしまった。

その間、彼がいなくても仕事は正常に回っていた。彼の意識は180度変わった。部下や同僚に、仕事を任せることを知ったのである。さらに、病床でコーチングや組織論の本を読みふけったおかげで、職場に復帰するころには、部下にうまく権限を委譲する技術を身につけていたのである。

出世の扉が開いたのは、そこからのことであった。

………出典〜洪自誠著・今井宇三郎訳注・岩波文庫『菜根譚』参考

【解説】

仕事には千差万別があり、仕事で成功するタイプもそれぞれの時代によって異なっている。勤めている会社によって、成功する「ツボ」も異なり、共通の法則などない。それでも、一つ言えることがある。この寓話にみるように、今よりも出世しようと思ったら、今までの仕事のやり方を変えなければならないということだ。

そのとき、考えたいのは、「自分でできることは、しっかり責任を果たすが、無理と思えることについては無理をせず、それができる他人、得意な人間に任せる」ということだ。これまで自分がしてきた仕事の方法を少し変え、周りの反応を確認するのも必要なことだ。

たとえば、「締め切りがある仕事は1日前に終える計画を立てる」、「待ち合わせの時間の20分前に着くように会社を出る」、「上司の命令には二つ返事で即答せず、熟考してから了承する」などである。

教訓⑰

生活の習慣はもちろん、仕事の習慣を変えるのも難しい。しかし、仕事を部下に任す「マネジメント術」を学ぶことで、会社の評価も変わってくるだろう。仕事の抱えすぎには注意したいものだ。

時間をうまく活用する

寓話18　ある科学者の時間術

1950年代前半の話である。アメリカにある物理学のとある基礎研究所において、世紀の発見をしたある科学者が散歩する姿がよく見受けられた。

その科学者は、一人のこともあれば、誰かと話をしながら歩いていることもあった。

彼は世界的な有名人だったが、ファッションには無頓着。いつも同じ服装で髪の毛はボサボサ、無精ヒゲも伸びていた。その風貌からは、几帳面さがみじんも感じられなかった。

「きっと、とんでもない自由人だ」

誰もがそう思っていたが、あるとき、町の人が気づいた。

彼は、いつも決まった時間に研究室から出て、緑の小路を散策し、同じような時刻に研究所に戻った。時間の使い方が、キッチリと決まっていたのである。

世界各国から、その科学者との対話を求めてノーベル賞クラスの科学者がやってきたが、その日が平日なら、彼は研究室で議論を交わしている途中でも、

「なるほど……、その問題を解決する糸口が見つかるかもしれません」

などと言いながら、散歩に出る準備をする。

「今日は小雨が降っているから、傘を持って出かけましょう」

彼にとって、平日散歩する時間割はいつも決まっているのだった。

彼は一日8時間を理論物理学の研究にあて、同じもう8時間を食事を含めた家族や友人たちとの交流に使い、残りの8時間を自分の睡眠時間とした。

平日は、一日を3分割して色分けしていたが、逆に休日には予定がなかった。友人が訪ねてきたら丸一日議論することもあったし、ときにホームコンサートを開き、好きなバイオリンでバッハなども弾《ひ》いた。

「研究？　それは明日すればいい。休日は、とことん楽しみましょう」

それが、その科学者の時間の使い方だった。

……出典～自著・実業之日本社『図で考える人は新プラス思考で3倍仕事がうまくいく』の取材ノートより
（※きらぼしコンサルティング「きらぼし2020年1・2月合併号」掲載）

【解説】

「現代物理学の父」ともいわれるアインシュタイン博士のエピソードである。彼は、宇宙構造の解明を試みた科学者だったが、論文が認められ、科学者として注目されたときは、アメリカの特許局に勤めるサラリーマンだったという。

特許局に勤めながら、なぜ、常識をくつがえす理論を打ち立てることができたのか。出典は不明だが、特許局勤務のとき、アインシュタインは「一日を3等分してメリハリをつけて生活していた」という伝記を読んだことがある。この寓話は、そこから生まれた。

人間の脳の集中力には限界がある。長時間、考え続けるより、ときに身体を動かしたり脳がリラックスする作業をしたりするとよい。また、しっかり睡眠をとれば、眠っている間に脳はリフレッシュするとともに、あらたなアイデアを生み出すことにもつながる。真面目に仕事をこなしつつ、ときにリラックスしながら、研究を続けたアインシュタインの時間術を参考にしたい。

教訓⑱

日々の時間の使い方が、その人の人生を支えている。「一日の時間」をどのように設定するかを考えたい。

一日の行動を一つひとつ大切にする

寓話19 覆水盆に返らず

紀元前11世紀ごろの中国の話。

周《しゅう》の軍師だった呂尚《りょしょう》は、後に斉《せい》の国の祖となった人物である。

彼は、後に太公《たいこう》が待ち望んだ逸材ということで「太公望《たいこうぼう》」と呼ばれたが、見いだされたときは、とてもみすぼらしい身なりをして、川のほとりで釣り糸を垂れた、しょぼくれ中年男だった。

周囲の者たちは、彼のことをコソコソ噂《うわさ》し合った。

「昼間から釣りをするとは、いい身分じゃないか」

「若いころは立派だったが、今はおちぶれたもんだな」

「あんなかっこうじゃあ、とても復活はできまい」

その才覚を見抜く人間と出会わなかったなら、彼が世に出ることはなかっただろう。

そのしょぼくれ中年男・呂尚が若かったころのことである。

呂尚は、書生をしており、すでに結婚もしていたが、日々読書をするばかりで働かず、そのため、家計は火の車であった。とうとう妻は愛想をつかし、呂尚の人物を見込んで嫁にやった実家の馬氏のもとに帰ってしまった。

ところが、その呂尚がやがて能力を買われ、周王朝創業の君主・文王《ぶんおう》の重臣に出世したのだった。

娘を実家に戻したことを悔やんだ馬氏は、文王の軍師となった呂尚のもとに出向き、

「娘と復縁してくれ」

と頼んだ。

しかし、呂尚は、おもむろに水器に水を汲《く》み、庭先に出て、その水をこぼしてみせた。

「お義父《とう》さん、この水は元通りになりますか？」

馬氏は庭に出て水をすくおうとしたが、濡《ぬ》れた泥《どろ》がとれただけだった。

それを見ていた呂尚が言った。

「覆水《ふくすい》、盆《ぼん》に返らずです。一度別れた者が、再び元に戻ることは無理というものです」

……出典～中国故事「覆水盆に返らず」より（※自由国民社『世界の故事・名言・ことわざ』参考）

【解説】

現実のリアルな世界では、リセットがきかない。この中国の寓話で伝えたいことは、その一点である。そのために、人はどうするか、なのである。

日米のプロ野球でレジェンドとなったイチローは、子ども時代から、小さなことを毎日積み重ねれば、夢にたどり着くこと、そのためには一日一日が大事だということを知っていた。それで毎日、素振りを繰り返した。

体の小さな、ひ弱そうに見える少年を、周りの人々は「どんなにやっても、甲子園には行けないよ」と笑っていたのかもしれない。しかし、イチローは、夢をかなえるためには現実世界でコツコツと練習を積み重ねるしかないことを知っており、それにすべてをかけたのである。

2019年にノーベル化学賞を受賞した吉野彰《よしのあきら》さんは、「成功の確率は100万分の1、そう考えると気が遠くなるが、10分の1を6回かければ100万分の1になる」と考え、10回に1回、10%の確率なら自分にもできると言い聞かせて、日々の努力を続けたという。

教訓⑲

現実世界でチャンスを逃したら、「次」はない。だから毎日、コツコツ自分のできることを積み重ねる。それが100日、1000日と続けることができれば、おのずと夢は近づく。

家族ともっと話しをする

寓話20 疑われた王妃

中国は斉《せい》の国の話。

当時、君主の側近の一人が愚政を行なったが、王は特に気にかけなかった。それで、国内の政治は乱れていた。見かねた王妃が、あるとき、王にその側近を政事から遠ざけるよう進言した。

ところが、そのことを知った側近は、

「王妃は浮気をしている!」

と、逆に王に告げ口《つ》をしたのだった。根も葉もない虚言《きょげん》であったが、その側近が流した浮気の噂は、王の王妃への寵愛につねづね嫉妬していた者たちの口からすぐに広まった。

王は一度は否定したものの、その噂が気になった。そして、王妃を城内の奥まった部屋に閉じ込めてしまう。

「王妃をここに呼び、私が問いただそう」

王は、王妃を深く愛するがゆえに、王妃から真実を直接聞くことにした。王妃は、涙ながら王に訴えた。

「わたしは、ずっと貞節を守ってきました。罪を問われて残念でなりません」

「なに、浮気などしておらんと申すのか」

「一点の曇りもありません。ただ、反省をいたしました。わたしは疑いを避ける努力を怠《おこた》ってきました。もっと、王にいろいろなことを相談すべきでした。それが心残りです」

王妃はなかば観念した様子で王の前にひれ伏した。

「なんと、そのような考えだったのか」

王は自分の短慮を恥じた。

「わたしは、このまま罪を問われて処刑されてもかまいません。ですが、民が苦しむ悪政を行なっている側近のことをお調べになり、その愚をただすことは、わたしの命に代えてもお願いいたします」

王は側近のことをつぶさに調べさせ、王妃の言葉の裏をとったのである。そして、側近を処刑した。やがて、斉の国に平和が戻った。


………出典～中国故事より（※自由国民社『世界の故事・名言・ことわざ』参考）

【解説】

人がドン底に落ちるのは、たいてい予想外の凶事に見舞われたり、他人から手ひどく落とし入れられたときだ。自分で責任がとれる範囲を超えた事態となると、焦《あせ》ってもがき、挽回を狙うも、さらに深みにはまってしまう。

そのとき、ふつうは「ドン底に落とし入れた原因となった事柄や犯人」を恨《うら》み、自分には非がないと考える。しかし、この寓話の王妃は、幽閉された冷たい場所で、自分にも非があったと考えた。王との関係をきちんと深めていれば、どんな噂を流されても一蹴《いっしゅう》できたはずだと。

人にとって、自分の非を認めることは難しい。しかし、ドン底にあれば、何かしら自分の非を見つけられるかもしれない。そして、その非を変えることは、新たな自分に生まれ変われる絶好の機会となろう。

また、自分がドン底に落ちれば、家族も一緒に落ちるものだ。ふだんから、家族と心を開いて話をしてほしいものだし、そうでなければ、ドン底に落ちたことさえ、伝えられないかもしれない。

教訓⑳

仕事第一主義で生きると、家族の心が離れ、ドン底に落ちたときには、家族の誰とも心が通わなくなってしまう。日ごろから家族を大切にし、「ありがとう」の感謝の気持ちを保ち続けたい。

[第5章]

他者の利益まで考えるための寓話5

◉……**Win－Win－Win（三方よし）を考える**

人は、自分の利益しか考えられないと、他者から信頼を失ってしまう。ここでは自己の欲望を抑えつつ、自分に大切なことはもちろん、他者に大切なことをもあわせて考えながら、自分も他者も活かせる行動を探っていきたい。

他者と自分の利益を同時に実現させる

寓話21 善意の輪

日照りが続くある村に、一人の旅人がやってきた。

旅人は、のどがカラカラで歩くことも難渋《なんじゅう》して、小さな民家の戸を叩《たた》いた。

「すみません。少し、休ませてもらえませんか」

「日照り続きで、うちには水一杯さえ出せないけれど、一休みするといい。

……おや、その足はどうなさった?」

「さきほど足首をひねって、うまく歩くことができません」

「この村には医者がいない。せめて、隣り村まで行ければ……」

その村人は、何とかしてあげられないかと思い、隣人に声をかけた。

「困ったね。少しでよければ、うちにはまだ水が残っている」

そういうと、水の入ったコップを旅人にさし出した。旅人は、その水でのどを潤《うるお》した。

「ありがとうございます。このご恩は、決して忘れません」

少し元気が出た旅人は、目を閉じて歌い始めた。澄んだ声は美しく、村の遠くの家まで届いた。

「これは、すばらしい歌声だ。この村では聞いたことがない」

歌声を聞いたほかの村人たちもその民家に集まってきた。もう一曲、もう一曲……と、せがまれて、旅人が歌っているうちに、その家は村人でいっぱいになった。

「いい声だね……うちなら、パンをもってこられるよ」

その家にいろいろな食料が集められた。収穫もままならない日照り続きの夏だというのに、秋の収穫祭のようなにぎわいとなった。

やがて、歌がうまい娘までやってきて、旅人とのデュエットが始まった。

たまたま馬車をひいて通りかかった商人が、二人の歌声を耳にし、近くにある大きな町で行なわれる歌の祭りに出場してみてはどうかとすすめた。

「馬車で、お二方をお連れしよう。優勝したら、賞金が手に入ります」

二人は、村の代表として、町の歌祭りに出場し、みごと賞金を持ち帰った。商人も推薦者として、その分け前をもらったことはいうまでもない。

……出典〜中国故事より（※自由国民社『世界の故事・名言・ことわざ』参考）

【解説】

私たちには、自分の意思や力で何とかなることと、いくら努力して頑張っても、自分ではどうすることもできないことがある。この寓話に登場する旅人は、のどがカラカラのうえに、足をくじいていて、自分の力ではどうしようもできないとき、村人の善意にすがることができた。貧しい民家では、日照り続きもあって、旅人に与えるコップ一杯の水もなかった。しかし、隣人から分けてもらった水が文字通り呼び水となり、村人たちから少しずつ支援してもらえるようになった。

その結果、漫画の『ドラゴンボール』でいえば、少しずつ「元気玉」をもらって統合していく悟空《ごくう》のように、村に賞金を持ち帰ることができたのである。

この物語を通して、誰も「大きな損をしていない」ところも見逃せないポイントだ。

教訓 ㉑

自分でできることには努力を惜しまず、できないことは他人に助けてもらおう。小さな支援でも、それが集まれば、大きな力につながるものである。

自分ができること、自分だけではできないことを分類する

寓話22 三つの役割

ある村に、家族でタンスやちゃぶ台などの家具をつくる職人がいた。

その家には、代々伝わる家訓があった。その中に経営術の話が出てくる。事業は、最小三人が力を合わせて行なうべし、というものだ。

内容は、こんな具合である。

「お金のやりくりができる人間には、金庫を預《あず》ける」

金庫の担当は、木材や塗装用の漆《うるし》などの材料の仕入れ、工賃の支払い、販売価格など、お金の出し入れのすべてを仕切る。

「木を使ってものがつくれる人間には、現場を任せる」

現場の担当は、木材の品質チェック、使いやすさを含めたデザイン、組み立て、仕上げまで、制作のすべてを仕切る。

「でき上がった製品を上手に売ることができる人間には、肩書を与える」

つくられた家具の価値を正確に人に伝えて売り、メンテナンスも請《う》け負《お》いながら、次の注文をとる。そういう営業担当には社長という肩書を与える。

家具をつくるその家では、代々その家訓を守り、四代続いた。しかし、五代目で大きな事件が起きた。村の二割を焼き尽くす大火に遭《あ》ってしまい、家も工場も家具のもとになる木材もすべて焼失してしまったのである。

「困った……、もう終わりだ」

一面の焼け野原に呆然《ぼうぜん》となってしまう。そんなおり、彼らのもとへ昔からの顧客たちが古着や食料を持ち寄ってくれたのだ。お礼をかねて、顧客たちのもとへ挨拶に出向くと、焼け残った家具のメンテナンスなどの仕事を受けることができ、当座の生活費は何とかなった。

やがて、村の焼け野原の復興需要も発生。彼らが得意とする家具の注文がどんどん入り、やりくりする人、つくる人、売る人の三人が力を合わせて難局を乗り切ることができたのである。

いまも、そうした経験を次世代に伝えながら、彼らの事業はしっかり受け継がれている。

……出典～洪自誠著・今井宇三郎訳注・岩波文庫『菜根譚』参考

【解説】

会社は、何のためにあるのか。一つの見方として、「一人ではできない持続可能な事業をするため」ということがある。

会社は、もともと「会う社《やしろ》」と書くように、人が会って何かをする場所のこと。あなたが「つくる人（ものやサービスで価値を生む人）」だとして、どこかの会社の下請けになるのでなければ、「売る人（お客様を見つけて営業する人）」と「やりくりする人（利益が出るように計画する人）」の力を借りなければ、持続可能な事業はできない。

つくる人が営業をするとサービスが過剰となり、利益が出なくなる。売る人が経理も担当するとドンブリ勘定になり、たちまち事業が行き詰まる。

この寓話では、一つの事業を進めるときに、「つくる人」「売る人」「やりくりする人」の3種類の人が力を合わせなければ、持続させることができないことを示唆している。

教訓 ㉒

一人ができることには限りがある。そこで、仕事をする仲間を募《つの》ることで、価値を生む仕事に変えることができる。

まず相手にWin《ウィン》を提供する

寓話23 戦わずして勝つ

今から2500年前、中国は戦国時代を迎え、たくさんの小国が互いに争っていた。その小国の一つである呉《ご》の国の参謀として孫子《そんし》が迎えられた。国王は問うた。

「わが国の周囲には、四つの大国がある。まず、どこを攻めればよいか」

孫子は答えた。

「敵を知り、己《おのれ》を知れば百戦危《あや》うからずです。まずは敵情を知って、それから自軍の状況も把握しておきましょう。戦いは、それからでも遅くはありません」

「なるほど。だが、敵情を知るにはどうしたらよいのか」

「スパイを放って、敵情を探《さぐ》りましょう」

やがて、呉の国の周囲にある四つの国の実情が報告された。呉の王は、一番兵力の弱そうな国を攻めるものと思って、孫子に確認した。

「いよいよ、戦いの時が来たな」

ところが、孫子は戦いに踏み切らなかった。

「今は挙兵の時期ではありません。必ず勝つという確証がなければ、戦争をすべきではありません。こちらの兵力を敵に見せつけ、お互い無傷のまま、敵を降伏させましょう」

「勝てる戦いでも戦わないというのは、腰抜けではないのか」

「たとえ百回戦って百回の勝利を得ても、戦うということは相手を傷つけるばかりでなく、自軍も必ず傷つきます。傷つけた相手は、生きていれば復讐に燃えるし、わが軍の兵士が死ねば、これからの仕事で十分活用できるであろう人材を失うことになります」

「なるほどのぅ。しかし戦わずに、どうしたら成果をあげられるのか」

「戦いは国を平和に導くことが目的。戦わずに平和を実現できれば、傷つけ合う必要がありません。平和とは隣国に襲われないこと。では、どうしたら相手が襲ってこないのか……」

孫子の説明に呉の王は納得し、他国を侵略するのではなく、攻められないように兵を固め、自国の土地を整備して兵隊の地力を高めた。

それとともに、自国でとれた穀物を隣国の乳製品と交換することなどを提案し、Win－Winの関係を構築した。戦国の世にあって、しばらく平和な時は続いた。


……出典～中国古典『孫子』より（※自著・秀和システム『「孫子」がよくわかる本』創作ノート参考）

【解説】

戦争をして勝利することも、一種の「壁を越える」ことであり、難関の突破となる。

しかし、この寓話では「戦う前に、よくよく考えよ」と説く。考えるためには、何よりもまず敵を知り、自分のことをも知る。そこで初めて、戦った場合にどんな経過が想定され、どのような結末が待っているのか、シミュレーションすることができるのである。

孫子が説いた「戦わずして勝つ」という状況は、戦って相手を殺してしまうのではなく、相手にも利益を与えて、こちらも戦って勝ったときと同じだけの利益を得るということ。

人間心理は古今東西、そう変わるものではない。それゆえ、戦国の世に生まれた『孫子』の戦略論は、戦禍のない成熟した今の日本にいる私たちにも、生きる知恵と勇気を与えてくれるパワーを持っているといえそうだ。

教訓㉓

戦わずして勝つためには、敵とＷｉｎ－Ｗｉｎの関係を築くことが必要条件となる。

よい仲間をつくり、ことに当たる

寓話24 ガンジス河の三老人

インドはガンジス河のほとりに、三人の老人がたたずんでいた。

彼らは、いずれも哲学者のような風貌をしていた。そこに一人の旅人が通りかかった。

その三人のたたずまいに圧倒され、旅人は教えをこいたいと思い、声をかけた。

旅人は、一番若そうな50歳そこそこに見える老人に聞いた。

「あなたは今、ここで何を考えていたのですか」

老人は、静かに口を開いた。

「私は、自分がどこから来て、どこに行くのかを考えていました」

「それで、答えは出ましたか」

「そのことをもう30年も考えてきて、その間、何千、何万もの遺体が河を流れていきました。彼らもどこかに向かうのでしょうが、わかったのは、そこまでです」

旅人は、もう一人の70歳前後らしい老人に同じ質問をした。

「あなたは今、ここで何を考えていたのですか」

老人は、おもむろに答えた。

「私は、みんなが成功し、みんなが幸せになる道を考えていました」

老人が意味ありげな目で微笑んだので、旅人は期待してさらに尋ねた。

「わたしも成功したいのですが、どうすればいいのでしょうか」

「答えは、まだみつかりません。ただ、答えを探すより、それを知るプロセスが重要だと気づき、毎日が充実しています。これを幸せというのかもしれません」

旅人は、最後の100歳をゆうに越えているかと見えた老人に答えを求めた。彼は最初から瞑想するように目を閉じていた。旅人は先ほどと同じことを尋ねたが、何度聞いても返事はなかった。

そのとき、岸辺に向かって強い風が吹いた。その老人は崩れ落ちるように倒れた。

「あ！　せんせ……い」

二人の老人と旅人が同時に叫んだ。最長老の老人には、もはや命は残っていなかったのである。


……出典～中国故事より（※自由国民社『世界の故事・名言・ことわざ』参考）

【解説】

よき仲間を求めたいならば、自分のしたいことを口に出し、相手から共感を得なければならない。こちらが何も語らず、自然に仲間が集まってくれることを期待しても、永遠に誰もやってこないし、何も起こらないだろう。

よき仲間を求めることは、この寓話で二人目の老人が語ったように、みんなが成功して、みんなが幸せになる道につながる方法でもあるのだ。

それでは、自分に必要な仲間は、どこにいるのだろうか。身近なところでは、自分が勤めている会社がある。また、異業種交流会や勉強会に出かけ、各種の懇親会に参加してみるのも手だろう。SNSやブログを活用して仲間を探す方法もある。

さらに、発想を逆転させるのもありだろう。仲間を集めるのではなく、自分がやりたいことをすでに実践している人を探して、その活動にこちらから参加するという方法である。

いずれにせよ、よき仲間を求めたいなら、ただ頭の中で考えているだけでは実現できないことを知るべきである。

教訓㉔

自分にできることを見定め、その実現のために、よき仲間と出会う努力を続ければ、早晩、すばらしい出会いが必ず訪れる。

金儲けより人儲けを考える

寓話25 命を懸けた恩返し

ある国の話である。

君主が、広い庭の一角に家臣たちを集め、酒宴を開いた。宴たけなわというとき、大風が吹いて燭台《しょくだい》の灯《ともしび》という灯が全部消え、真っ暗となった。

闇に紛《まぎ》れ、家臣の一人が、君主が寵愛する王妃の裾《すそ》を引き、抱き寄せた。

「あ、誰？　やめてください！」

王妃は、真っ暗な中でも気丈にふるまい、男の冠《かんむり》を結ぶヒモをちぎり取った。

そして、手探りで君主を探し出し、耳うちした。

「王様、大変です。わたしに手を出そうとした者がいます。明《あ》かりがついたら、冠のヒモがちぎれている者を探し出してください。それが犯人です」

君主は大笑《たいしょう》して言った。

「今夜は、無礼講だ。誰かが酔ってしでかしたことに違いない」

「いくら酔っているとはいえ、王の寵愛を受けるわたしに手を出そうとするなんて……。こらしめてください」

「わかった、わかった。おまえの貞節はよくわかったから、楽しく飲もうではないか」

王妃とそんなやりとりをした君主は、暗闇の中、すぐに側近に命じて、全員の冠のヒモをちぎり取らせ、燭台に火をつけた。こうして真犯人は、うやむやとなった。

それから数年後……。

隣国と戦いになり、先陣をきって、命がけの活躍をする家臣があった。その家臣のおかげで、自軍の士気が上がり、相手を敗走させたのであった。

戦いが終わり、労をねぎらうために、君主がその活躍した家臣に声をかけた。

「よくぞ、勇ましく戦ってくれた」

すると、その家臣はかしこまって答えた。

「実は数年前の酒宴で、酔って無礼を働いたのを、王に助けていただいたことがあります。いつか、恩返しをしたいと機会を待っておりましたので、命を懸けて戦いました」

「そなたであったか……。これは、王妃にも礼をいわんとならんな」

……出典～中国古典より（※自由国民社『世界の故事・名言・ことわざ』参考）

【解説】

単に「金儲《かねもう》け」だけが目的で仕事をすると、とかく破たんが生じるものだ。しかし、「この人と一緒に仕事がしたい」と思えるような人物と出会うことが目的で仕事をとらえると、思いがけない人物と出会え、仕事も大成功することがある。いわゆる「人儲《ひともう》け」である。

この寓話は、度量の広い王のもとで、家臣が命を懸けて活躍するという、まさに人儲けの好例である。

人が目標に向かってやる気を高め、努力を続けていくことは尋常なことではない。そんなときに活用したいのが「カリスマ」への憧憬《しょうけい》だ。私たちは具体的な人物を思い描き、「その人のようになりたい」と考えることで、モチベーションを高めることができる。もし、身近に具体的な「カリスマ」がいない場合、尊敬する偉人に学び、偉人に憧《あこが》れ、目標にするという方法もある。

教訓㉕

本やテレビなどで、この人にぜひ会ってみたいと思う人を見つけたら、その人が名を連ねるセミナーや講演に積極的に参加し、名刺交換などの機会があれば、前に出て自分の存在を相手に知らしめることだ。一生の仕事の友、人生の師匠が見つかるかもしれない。

Column

コーヒー・ブレイク

謎解きクロス……③

「謎解きクロス®」は著者が開発したパズルゲーム。通常のクロスワード・パズルは、タテ・ヨコ別の問題文からキーワードを見つけ出して記入欄に解答するが、**この謎解きクロスは、問題文が１つのストーリーになっていて、そこからキーワード（ゴシック文字）を拾って、記入欄のタテまたはヨコに解答する、というまったく新しいタイプのクロスワード・パズルです。**

問題文

晴れた日には、本を読もう

晴れた日は、本を読みたい。たとえば、**堀辰雄**の**風立ちぬ**は純愛の世界に誘《いざな》ってくれる。

その夏……。私は、友人に借りた別荘の庭にコンロを出し、干した**草**で**魚**を焼いた。小麦の**粉**でタコ焼きを作っていると、声をかけられた。その人の**素行**は怪しかったが、食事をして合点がいく。彼女は測量**技師**をしつつ全国を歩き、原石を集めていた。

「森の**クヌギ**からドングリがこぼれるように、宝石は転がっている」

彼女は**子ども**のころ、珍しい**石**を拾った。多くは**藻屑**だが**琥珀**がとれたこともある。

「**至宝**は深い**層**に隠れている。それが地殻変動で露出し、洗われて小さな石になるのよ。それを**陸**に上げて磨くとキラキラ輝く。まるで恋のように……」

汗をぬぐう彼女の**うなじ**が妙に白く、なまめかしかった。

「発掘は**籤**を引き当てるようなもの。その手法に**シバリ**はないわ」

彼女はコレクションを見せてくれた。**数**は少なかったが、銀の**鎖**につながれた石はそれぞれの**個体**ごとに魅力があり、古代時間の**香り**がした。

◉上の問題文の中のキーワード（ゴシック文字）をひらがなにして、次ページのクロスワード・パズルの空欄を埋めてください。タテに入れるか、ヨコに入れるかは……？

《キーワード記入欄 ③》

Ⓐ			■			Ⓑ
	■		か		■	
		■	ぜ	■		
■	ほ	り	Ⓔ た	つ	お	■
		■	ち	■		
	■		ぬ		■	
Ⓓ			■			Ⓒ

◉上のパズルを完成させて、下の問いに答えてください。

《幸せを呼ぶ言葉 ③》

Ⓐ	Ⓑ	Ⓒ	Ⓓ	Ⓔ

ヒント この言葉は、平和な未来を象徴している。次世代を担う子どもたちに、やさしさを注ぐことができれば、あなたの仕事も人生も、きっと輝くことだろう。

答えはP.173 にあります。

［第6章］
相手の話をきちんと聞くための寓話5

◉……他者実現があってこそ、自己実現がある

お互いの信頼関係があればこそ、さまざまな困難も相手と自分とで解決できる。しかし、そこに至るまでには相応の努力が必要である。その努力をするには、こちらが誠意をもって相手の心の扉を開け、「相手の話を聞く」、「相手の気持ちを理解する」という姿勢で接することだ。他者実現ができれば、自己実現も達成しやすくなる。

相手をまず理解するよう心がける

寓話26 百聞は一見に如かず

中国・漢の宣帝《せんてい》の頃のこと。

漢軍は、チベットに勢力を持つある遊牧民の侵攻に手を焼き、前線では負《ま》け戦《いくさ》が続いていた。

そこで宣帝は、百戦錬磨の自軍の老将軍のもとへ使者を遣《つか》わせた。

老将軍のもとに着いた使者は早速尋ねた。

「教えてください。次の将軍に誰を任命すればよいでしょうか」

使者は、脂《あぶら》の乗り切った中堅将校を推薦してくれるものと期待していた。しかし、老将軍は間髪《かんはつ》を入れずに答えた。

「残念ながら、わたしに勝《まさ》る将軍はいないでしょう」

使者は、七〇歳を超えている老将軍の体力・判断力に不満を感じながらも、宣帝のもとに連れて帰った。

宣帝は老将軍に問うた。

「そなたの武功は存じておる。そこで、一つ教えてほしい。今後、敵とどんな計略を用いて戦い、どれだけの兵力を用意すればよいか」

そのとき、老将軍が答えのは、「百聞《ひゃくぶん》は一見《いっけん》に如《し》かず」というものだった。

「何はともあれ、前線に行ってみます。そこで、わたしが何を感じ、どんな手を打つか。それを見届けてください。わたしの実力は、そのとき、おわかりになると思います」

なんとしても防衛したい地域の前線にある金城郡の将軍として着任すると、老将軍はその地形を調べ、敵情を子細に調査して、宣帝に進言した。

「今までと同じ作戦では、勝ち目はありません。ここは騎馬隊が得意な土地ではないからです」

老将軍は、兵を騎馬隊から地べたを進むのが得意な歩兵《ほへい》隊に替え、一万人を集めさせた。彼らは遊牧民一族の怒濤《どとう》の攻撃を見事くい止め、老将軍の作戦は大成功をおさめたと伝えられている。

……出典～中国故事「百聞は一見に如かず」より（※自由国民社『世界の故事・名言・ことわざ』参考）

【解説】

よくよく事態を把握して、ものを考え、言葉にして相手に伝え行動しなければ、誰も気にかけず、わかってももらえない。机上の空論は、リアルな現実のもとでは役立たないと、この寓話は教えている。

歴史学者のユヴァル・ノア・ハラリは、人類を地球の支配階級におし上げたのは、誰かがつくり上げた『虚構』を全人類が理解したということ。「帝国」「宗教」「お金」という虚構を共有できたことで、組織として団結した社会をつくり出せた結果だと分析している。

だが、そのような虚構を共有できたからといって、リアルな現実で、リアルな戦いに勝利できるとは限らない。事件は、いつも現場で起こる。しかも、何が起きるかは、現場にいる者しか理解できないからだ。

いくらコンピュータでデータを分析しても、現場に立ってみるまでは戦略が立てられない。それがビジネス人の知恵。それは、世の中がAI時代になっても変わらない真実である。

教訓㉖

リアルな現場の真実を知ることが、すべてに優先する。仮説を立てて議論するのは必要だが、最終の決断はリアルな現場で行わなければならない。

自分の話はなるべくしない、しても早く終える

寓話27 毒男の悲劇

ある不動産販売会社に「毒男《どくおとこ》」の異名《いみょう》をとるスタッフがいた。

彼は、オーナーから委託された物件を高値で転売する仕事をしていた。

学生時代から勉強家で、よくものを調べ、研究し、発表することもうまく、テレビに出てくる名コメンテイターのように、ズバリと真実を指摘するのを得意としていた。

「この物件は、東京駅から30分圏内という好立地にもかかわらず、一般消費者のブランド・イメージのせいで価格低迷が続いていたのです。これをご覧ください」

彼は、対象物件について、ありとあらゆる資料を使って分析し、分厚《ぶあつ》い報告書を作成した。しかも、国の規制緩和の情報等もつかんでいて、これからの不動産動向をシミュレーションして資産価値を数値化し、グラフなども駆使して、わかりやすく表現した。

顧客から賛辞を得ることも少なくなかった。

「いやあ、話が上手で、思わず聞き入ってしまった」

しかし、多くの場合、それは彼に対する褒《ほ》め言葉ではなく、そろそろ本題に入って、物件についてすぐにも交渉したいという合図だったのだ。

彼の話は、なおも続いた。誰のマネなのか、必ず行政や大手デベロッパーの「失策」を取り上げ、話しの中で彼らを批判することも忘れなかった。

「本当に行政は無能ですから……。2年ごとに担当課長が代わるので、その都度、対応を変えなければならない。こちらはたまりませんよ」

彼は、大きな勘違いをしていたのである。

行政や、誰でも知っている大手企業を批判することで、相手に自分のインテリジェンスが伝わるものと思っていたのである。しかし、顧客にとって、そんなことは余計な話であって、毒舌に他ならなかったのである。決して彼の信頼を勝ち得ることにはつながらなかったのだ。

一流といわれる大学を出ていながら、彼は思うほど出世もできず、失意の中で退職したという。

………出典〜洪自誠著・今井宇三郎訳注・岩波文庫『菜根譚』より

【解説】

営業の鉄則として、「顧客の声に耳を傾ける」というのがある。成功している営業スタッフの場合、比率でいえば、会話のうちの8割は相手の話を聞き、あとの2割は聞いている「証《あかし》」として、自分の話をするというのが原則とみてよい。

ただし、これは決してグローバル・スタンダードではないことに留意したい。外国人に対して、聞いていれば売れる、言わなくてもわかると思っていると、大きなしっぺ返しに遭うかもしれない。グローバル市場では、言葉に出して有言しなければ、何もなかったか、もしくは否定しているとみられてしまうこともある。

ビジネスも国際化し、文化・風習も、日本固有のものと、世界共通のものとを明確に区別したうえで、取捨選択しなければいけない時代となっていることをつけ加えておきたい。

教訓㉗

顧客は、あなたのことが知りたいのでも、あなたのうまいプレゼンが聞きたいのでもない。自分のニーズを的確に把握してほしいだけだと理解しておこう。

ノーSNSデーをつくる

寓話28 自然のままが十分美しい

ドンッという大きな衝撃音とともに、豪華客船の床《ゆか》が傾き、沈み始めた。救命ボートに命からがら乗り込んだ三人は、明け方近くになって、とある無人島の浜辺にたどり着いた。

一人はニューヨーク在住の画家、一人はウィーン在住の音楽家、一人はパリ在住の詩人、といずれも30代既婚の男性で、類《たぐい》まれな独創的才能が認められた名士たちだった。

なんとか陸地にたどり着いたとはいえ、三人は途方に暮れた。

「ここには、スマホもネットもSNSも、何もない。退屈で死にそうだ」

都会育ちの彼らには、無人島で生き残る術《すべ》を知らなかった。

それでも、背に腹は代《か》えられない。腹が減《へ》り、のどが渇《かわ》く。森の中に入って食べられそうな物を探し、熟《う》れた実を食べた。甘くて水分もたっぷり含まれていた。

幾何学的な構図や原色の色使いを得意としていた気鋭の画家は、美を求めて無人島の中を歩き回った。森はうっそうとして、彼が親しんだ三角や四角の構造物があるわけでもなく、色彩も中間色ばかりで不安が募《つの》った。

絶対音感を誇る新進の音楽家は、鳥たちが奏《かな》でる鳴き声が、どれも微妙な音階で、しばらくは頭が変になりそうだった。不安で仕方がなかった。

どんな対象物に対してもズバリ的確に表現する天才の詩人は、自然体験があまりに新鮮すぎて言葉が見つからなかった。初体験ばかりで言葉にならず、不安は頂点に達していた。

救助隊は、なかなか来てくれなかった。三人は仕方なく力を合わせて住む場所をつくり、火を起こして、夜は語り合った。その島には、大きな捕食者がいないことが幸いだった。

それまで都会という人口密集地に暮らし、大勢の人間の中でどう目立つか、いかに自分の主張を通すかだけを考えてきた彼らにとって、三人しかいない今のこの現実の世界では、お互いに支《ささ》え合い、協力するしか生きる術はなかった。

「スマホもネットもSNSもないけれど、人の話を聞き、語ることができる……」

三ヵ月後、彼らは救助された。自然の中に少人数で暮らすことが幸せになれることだと知った彼らは、それぞれ資産を売却し、家族を連れて都会を離れたという。

………出典～総務省「令和元年版情報通信白書」（2019年3月）参考
（※きらぼしコンサルティング「きらぼし2019年8・9月合併号」掲載）

【解説】

この寓話では、都会に生まれ、当たり前のようにスマホ・ネット・SNSの情報社会の中で生きてきた三人が、まったくの自然しかない環境に置かれてしまう。都市生活者にとって、それはドン底の生活に思えたことだろう。

しかも、その三人は自己実現をつき詰めて才能を発揮し、世界に認められた芸術家たちであった。その彼らが、互いに協力し合わなければ生きられない特別な環境に身を置かざるを得なくなってしまった。

得意な才能が役に立たない無人島において、彼らは何をしなければならなかったのか。それはまず、自分の生命を守ることであり、次に他者の気持ちを尊重することであった。それらのことができてようやく、自分たちの芸術的な感性を満足させることを考えるという順番となった。

人間の原点は、「自己実現」ではない。互いに支え合い、協力し合う「他者実現」があって、その先にようやく「自己実現」があるのだった。

教訓㉘

人はときどき人間本来の姿にたち戻り、誰かに役立ちたいという心の声に耳を傾けよう。「週末はSNSも休みます」と宣言するなど、日常にあふれる情報からも遮断される時間をつくりたい。

相手の立場になって、どう見えるかを考えてみる

寓話 29 三国の外交の話

とにかく、外交は難しい。

きな臭いことで知られる、ある地域の三国の話をしよう。

国境をそれぞれ接しているその三国を、仮にA国、B国、C国とする。

A国は、B国と友好関係にあるのだが、C国とは仲が悪い。一方で、B国は、C国と同盟を結んでいた。

あるとき、C国がA国との国境エリアで小ぜり合いを起こしたことから、A国がすわ戦争だ！ と色めき立った。

慌てたC国は、B国にA国との仲裁を頼んだ。そこで、B国の担当大臣がA国との交渉にあたることになった。

「わたしの国（B国）とあなたの国（A国）は友好国だ。そのわたしの国は、C国とも同盟を結んでいる。わたしの国と友好国であるあなたの国が、どうしてわたしの国の同盟国

であるC国と戦争をしようとするのか」

このB国の担当大臣の問いかけは一応、筋が通っている。しかし、いくら同盟国のB国からの意見であっても、A国としてはなかなか承服できるものではなかった。

そこで、A国では御前会議が行なわれた。席上、策士で知られる古老の大臣が「それなら、B国にこう言ってやりましょう！」と、ある策を提案した。

「なるほど、あなたの国（B国）のおっしゃることはごもっともだ。ただし、それなら、どうして、あなたの国と友好国であるわたしの国（A国）が、C国と戦争をしようとしているのに、それに賛同して、援軍の一つも送ってやろうと言ってくださらないのか」

このA国の主張に、B国がぐうの音も出なかったことは言うまでもない。

そのあと、B国がC国を必死に説き伏せ、A国に誠心誠意詫《わ》びを入れさせることで、なんとかA国とC国の戦争は回避されたのであった。

……出典〜中国古典『戦国策』より

【解説】

この寓話にみるように、論理的に反論することができなければ、相手の言い分に従わなくてはならなくなる。こちらが思ったことを、怒らせずにどうやって相手に伝えるのか。かしこい反論テクニックを身につけるためには、論理力をしっかり身につけたいものである。

論理力が備わると、相手とのコミュニケーションで優位に立てる。仕事では詐欺的な取引に関《かか》わらなくてすみ、嘘つき社員が誰なのかも見抜くことができる。どうすれば出世できるのか、会社の組織相関図も分析できる。定年後、振り込め詐欺に引っかかる前におかしいと感じることもできる。

では、論理力を身につけるにはどうすればいいのか。論理力は生まれついた能力ではなく、学習することで身につくものである。初心者向きに書かれた論理力を鍛える本を読み、講習を受けるなどして、自分への投資をするとともに、たとえば、映画を観て、感想を論理的な文章で書いてみるなど、いろいろ努力することで身につくことだろう。

教訓㉙

相手に負けない論理力を磨くため、日常のブラッシュ・アップを心がけよう。自分への投資は、きっと倍以上になって返ってくる。

ないものねだりを慎《つつし》み、足《た》るを知る

寓話30 四つの願いごと

中東の、とある国でのこと。

一人の貧しい若者の枕元に、魔法のランプが置かれていた。若者が呪文《じゅもん》を唱えてランプをこすると、たちまち巨人が現れた。

「願いごとがあれば、なんでもかなえてあげよう。ただし、四回限りだ」

若者は、貧乏な家に生まれたうえに病弱だったことから、何度も死にかけた。

「命をまっとうできる、健康な身体がほしい！」

「第一の願いをかなえよう。あと三回、残っている。いつでも呼ぶがよい」

健康になった若者は、人一倍勉強をして、一流といわれる会社に就職。しかし、資産がなかったので、会社の給料だけでは家も建てられない。そこで、また、ランプに頼ることにした。

「一度でいいから、宝くじの最高金額を当てたい！」

「第二の願いをかなえよう。あと二回、残っている。いつでも呼ぶがよい」

彼は宝くじの当選金で家を建て、さらに仕事に専念した。やがて50歳になり、社長にのぼり詰めたが、家族はなく、孤独だった。

そこでまた、呪文を唱えてランプをこすり、巨人を呼び出した。

「最高の伴侶《パートナー》をお願いしたい！」

「第三の願いをかなえよう。あとまだ一回、残っている。いつでも呼ぶがよい」

20歳そこそこの若くて利発な美女が嫁にきた。そして、子宝にも恵まれた。

やがて80歳になった。彼は妻に言った。

「おまえと別れるのは、死ぬことよりつらい。一緒に黄泉《よみ》の国まで行ってはくれまいか」

妻は、いつものように美しい笑顔で答えた。

「それはできません。けれど、いよいよ旅立ちのときにはあなたの手を握って見届けてあげましょう」

「なに、一緒に行けないと……。わかった。もう頼まない。ここから去りなさい」

妻を離縁した彼は、しばらく考えてから、また静かに呪文を唱えてランプをこすり、巨人に懇願した。

「安らかなる最期《さいご》を！」

その結果、彼は穏やかな死を迎えることができた。その後、別れた妻は再婚し、死ぬまで幸せに暮らしたという。

……出典～中国故事「足るを知る」より（※自由国民社『世界の故事・名言・ことわざ』参考）

【解説】

現実の社会では、できることとできないことがある。どんなに金儲けをしても、どんなに強大な権力を握ったとしても、できないことがある。その最大のことは「老い」であり、「死」ではあるまいか。

わたしたちは、すべてのことを手に入れることができないので、「足《た》るを知る」という考え方が必要となる。ないものねだりは、ほどほどにしたい。

一方で、自然の摂理に従いながら、よりよい状態を求めつつ、幸せな気持ちで人生を終えることができる。経験則になるが、自分のために自己実現に努力した人よりも、他者である誰かのために幸せを願い、貢献した人のほうが幸福度は高いという事実もある。

教訓㉚

自己実現を求めて他者を顧《かえり》みない人生より、他者実現を求めて自己実現を目指すほうが、幸福度は高い。

［第7章］

仲間とうまくやるための寓話5

◉……他者との相乗効果《シナジー》に期待する

自分だけのカラに閉じこもり、自分の世界だけで自己満足を訴求していると、本当の幸せは実感できない。人は社会的な生き物である。勤勉の扉を開け、よき仲間とともに何かをなし遂げることで、人生の宝物を見つけることができるだろう。

一人で越えられない壁は仲間とともに越える

寓話31 乗り越えられない壁

S氏は途方に暮れていた。目の前に、とてつもなく巨大な壁が立ちはだかっていたからだ。

五人いた仲間の一人がドローンを飛ばして調べたが、乗り越えることも迂回することも、とても困難に思えた。

もう一人の仲間が金属の棒でその壁の表面をたたき、音響をひろった。弱いところがあれば、そこに穴をあけ、抜け出ることができるかもしれない。しかし、壁は均質で、どこにも弱点は見当たらなかった。

別の仲間が壁の表面を削り取り、成分の分析を試みた。素材がわかれば突破できるかもしれない。しかし、壁の成分は特別なものらしく、どうすることもできなかった。

ほかの仲間が壁に沿って歩いているうちに、壁を伝って吹き下ろしてくる風に気がついた。壁の向こう側からきた風らしい。

壁の向こうの世界は、いったいどうなっているのか。肉と野菜の匂いがしたが、わかったことはそれだけだった。

最後の仲間がハンマーで壁を壊《こわ》し始めた。

壁の表面は簡単に崩れた。だが、進めば進むほど固くなり、やがてはつるはしも刺さらなくなった。ピッケルを使って断崖を登ろうとしたが、100メートルほど登って音《ね》をあげた。

打つ手がなくなったS氏は、あることを思い出した。

「ハードルの話があったなあ。ハードルは、高ければ高いほど……」

「高ければ高いほど……、越えにくい？」

「いや、くぐりやすいって話さ。みんなで地面を掘ってみないか」

六人は、壁の手前の地面を掘り始めた。大きな穴ができたが、地下30メートルほど掘ったところで、ついに壁の底が現れた。そして、時間はかかったが、トンネルが通じて壁の向こう側に出られたのであった。

その壁は、越える必要がなかったのだ。

「ヤッター、おめでとう」

みんなで喜び、乾杯をして飲み明かした。

S氏は、仲間と幸福感を分かち合えたことで、これから先、また、たとえどんな壁に遮《さえぎ》られようとも、越えていけるだろうと思った。


……出典～洪自誠著・今井宇三郎訳注・岩波文庫『菜根譚』より

【解説】

社会の役に立つ仕事がしたいと思っても、自分一人でできることは、たかが知れている。そこで、仲間を募って組織をつくり、会社が生まれることになる。

最初は、少数の仲間たちと小さな仕事から始めることになるが、やがて壁にぶち当たる。その壁を越えるために、より多くの仲間が必要となる。壁を越えることに真面目に真摯《しんし》に取り組んでいる姿は、多くの仲間を呼び寄せることにもつながる。

この寓話では、壁の越え方について、深い示唆を与えてくれる。目の前にある壁を越えなければ、向こう側にある目標に達することはできない。しかし、正攻法で正面から当たってみても、いかんともしがたい場合がある。そこであきらめてしまうと、壁の手前だけの小さな仕事しかできない小さな集団で終わってしまう。それはそれで、幸せなのかもしれない。だが、志がもっと先にある場合は、何としてでも、壁を乗り越える工夫が必要になってくる。

教訓㉛

正面から越えられない壁も、知恵を絞れば、必ず新たな手段が見つかる。あきらめずに、仲間と知恵を出し合うべし。

評価の基準、モノサシを変えてみる

寓話32 本当に池に落ちたのは誰か

ある初老の夫婦が森を散策していたときのこと。妻が足をすべらせて池に落ちてしまった。妻も夫も、ともに泳げなかったので、夫はただ妻がおぼれて沈んでいくのを見ているしかなかった。

「神さま、どうか妻をお救いください!」

夫は神さまに祈った。すると、どうだろう。池から、2人のぐったりした女を両腕にかかえた神さまが現われた。

「今、池に落ちたおまえの妻は、このうちのどちらか」

神さまが夫に尋ねた。

見ると、右腕にかかえられた女はたった今、池に落ちた妻で、左腕にかかえられていた女は男が若いときに求婚して断られた意中の若いままの美女だった。

夫は一瞬、ためらった。

正直に答えて、今まで苦楽をともにしてきた妻を救ってもらうのか、それとも、むかし恋こがれた女とこれからの人生をやり直すのか……。

夫は、これからの人生を考えたときに、むかし求婚して断られた若い美女とやり直したいと思い、美女のほうこそ、今、池に落ちた自分の妻だと告げた。

「本当だな？」

「間違いありません」

「それでは、今後、何があっても、この女と一生添《そ》いとげるように……」

「ありがとうございます。おっしゃる通りにいたします」

神さまと約束した夫は、本当は妻でなかった女を連れて帰った。

それから、1年が経った。夫は長い嘆息をついて後悔する毎日だった。

一緒に暮らしてみると、その女は美しいだけで口うるさく、ぜいたく好きで家事も何もしない女だった。


……出典～イソップ寓話『金の斧、銀の斧』より

【解説】

人生には、一度決断したら、二度と同じ場所には戻れない大きな節目がいくつかある。たとえば大学入試、就職、そして結婚、出産、転職、離婚などである。

結婚して離婚したら、決して結婚前の状態には戻れない。それが自然の摂理、社会の掟《おきて》なのである。

この寓話は、イソップ寓話で有名な「金の斧《おの》、銀の斧」をモチーフとして、過去にかなえられなかった夢を再び見ることの是非を問うている。

昔できなかったこと、過去にやって失敗したことを、いつまで悔《く》やんでいても仕方がない。時は移り、人は変わる。

未来は今の延長ではないかもしれない。ならば、過去にこだわらず、まずは今を真剣に生きるべきではなかろうか。

これまでの基準で最高だったものも、モノサシが変われば、別の見解が出てくるかもしれない。この寓話では妻を交換した男の誤算を描いているが、はたして、昔と同じモノサシで今と過去を比べてよかったのかどうか。

過去の美女が理想的な女性に見えたが、目の前の美女は、じつはその変わり果てた姿だったというブラック・ユーモアである。

糟糠《そうこう》の妻をないがしろにしたという、人としての問題はここでは少しわきに置いておいて、モノサシという観点から見ると、また違った見方ができるだろう。

教訓㉜

大小や高低、新旧といった「ものさし」ばかりではなく、心地よさや満足感、差別感などの「モノサシ」を用いると、同じものでも異なった計測ができる。

他人の成功を祝福する

寓話 33 月の上で鉄を打つ

真っ赤に燃えさかる火を相手に仕事をしていた鍛冶屋《かじや》が、とうとう音《ね》をあげた。

「暑くてたまらない。鍛冶屋は、もう御免《ごめん》だ」

そういって見上げた空の向こうに山があり、大きな岩があった。

「山の風が気持ちよさそうだ。あの岩になりたいなあ」

すると、神さまの声がした。

「おまえの願いをかなえてやろう」

瞬《まばた》きをするうちに、鍛冶屋は岩になって、山の上にいた。心地よい風が吹いていた。彼は、目を閉じて、うたた寝を始めた。

「痛い。誰だ？　わしの身体を傷つけるのは」

岩の前には彫刻家がいて、ノミを入れているではないか。

「痛くてたまらない。岩より、彫刻家のほうがいい！」

また、神さまの声がして、瞬きする間に彫刻家になっていた。作品をつくろうと岩を探したが、ちょうどいい大きさの岩が見当たらない。

疲れ切った彼は、大きな岩に腰かけて、空を仰《あお》いだ。

「あの太陽になれたら、きっと幸せに違いない！」

すると、神さまの声がして、今度は太陽になった。しかし、その熱さはハンパではない。

「ダメだ。熱すぎる。こんな人生は最悪だ！」

そんな太陽が沈みかけると、夜空にぽっかりと満月が浮かんでいた。

「そうか、最初からあの月になればよかったんだ！」

次に、彼は月になっていた。しかし、その幸せも長くは続かなかった。寒くて仕方なかったのだ。

「鍛冶屋のときの火が懐《なつ》かしい。あの火に暖《あたた》まることができたなら、どんなに幸せだろう……」

またまた、神さまの声がした。

「月で鍛冶屋をすればいい」

鍛冶屋は、満月になると、寒い月の上で鉄を打った。


……出典～タイの民話より（※自由国民社『世界の故事・名言・ことわざ』参考）

【解説】

わたしたちは、一度きりの人生を誤まらず、正しく生きたいと願う。しかし、思い通りにいかないこともしばしば。人生を重ねるうちに、自分には「これくらいがちょうどいい」と妥協することになる。しかし、それは、はたして妥協なのだろうか。

この寓話にみるように、欲望にはきりがない。

生存の欲求が満たされたら、次の段階に移って、新たな欲望を満たしていくのが人の常《つね》。隣の芝生の青さをうらやみ、寓話のように次々と願いごとをしてしまう。しかし、その欲望は、決して満たされることがない。

今のご時勢だからこそ、自らの欲望を自らコントロールして、他者に目を向け、その幸せを祝福してみては、どうだろうか。欲深き人間の、その後の人生を左右する大切な習慣となろう。

教訓㉝

他人の成功を、傍《はた》から見てうらやましがっていても、自分の成功はない。うらやむ代わりに、他者を支援することで、自分にも幸運が舞い込んでくると信じよう。

嫌いな人でも好きになる

寓話34 ブラック・スワン

今年の冬も、紺碧《こんぺき》の湖に白鳥がやってきた。

湖面を優雅に舞う白鳥の姿は華麗で、人々は、まるでロシアのバレエ団がやってきたように感じた。

白鳥の数は百羽を超え、湖の周りには、望遠レンズ付きのカメラを持った人々がたくさんやってきた。

「純白のドレスをまとった白鳥たちは、絵になる」

「紺碧の湖は、冬でも凍《こお》らないから、絵になる」

「ここは快晴になる日も多いから、絵になる」

観光客たちの評判もよかった。やがて紺碧の湖は「白鳥の湖」と呼ばれ、観光名所として大にぎわいとなった。

そんなある日、誰のイタズラか、体が真っ黒な白鳥が紺碧の湖に舞い降りた。それまで、誰も黒い白鳥を見たことがなかったので、人々は驚いた。

「どうして、あの白鳥は黒いのか。誰か調査をして報告しなさい」

村の長《おさ》にいわれて、村の者が国内の文献をあたり、情報収集を試みたが、黒い白鳥の存在を語る資料はどこにもなかった。

人々は、黒という色に不吉なものを感じた。

「あれは悪魔の使いだ。つかまえて、火あぶりにしろ！」

「そもそも黒い白鳥なんて聞いたことがない。火あぶりにしろ！」

「ほかの白鳥まで黒くなったらたいへんだ。火あぶりにしろ！」

湖にボートが出され、その黒鳥に網が掛けられた。

つかまえてみると、黒鳥は白鳥の白い羽を黒く塗ったのでも染めたのでもなかった。遺伝子が、そもそも黒い羽をまとう白鳥（黒鳥）だったのである。

………出典〜ナシーム・ニコラス・タレブ著・望月衛翻訳／ダイヤモンド社『ブラック・スワン―不確実性とリスクの本質』より
（※きらぼしコンサルティング「きらぼし２０１９年10月号」掲載）

【解説】

もちろんのことだが、白鳥は、どこで見ても白い鳥である。ところが、遠く離れた地域には白鳥と同じ形状の黒い鳥がいたそうだ。その黒い鳥がヨーロッパの湖に飛来し、大騒ぎとなったことがある。

この寓話は、そんな話をベースに組み立てたものだ。調べてみると、黒鳥が生まれたのはオーストラリアだった。大陸に黒い羽根のDNAを持った黒鳥が棲《す》んでいたのである。

それは、人々の「白鳥は白い鳥」という常識を打ち破る衝撃的な出来事だった。そこから、人々の常識とかけ離れた、想定外の事実が明らかになったとき、それを「ブラック・スワン」という言葉で呼ぶようになったといわれている。

このように、わたしたちが「白鳥は白い鳥」と思い込むのは、限られた知識に縛《しば》られた常識の罠《わな》にはまっているからに他ならない。

それなら、ハナからあの人は「黒鳥だから……」と特定の人を「嫌い！」と決めつけるのも、考え直したほうがいいのかもしれない。

ただ嫉妬をしているだけで、その人を遠ざけるようでは、せっかくの人生のチャンスを逃がしてしまうことにもなりかねない。

教訓㉞

嫌いな人でも、いいところやユニークな点がないか検討してみよう。もしかして、ただうらやましかったり、嫉妬をしているだけなら、その人を好きになることで、あなたの強い仲間になるかもしれない。

◀謎解きクロス① 解答▶

Ⓐ お	な	か		こ	ど	Ⓑ も
う		ど	う	き		ど
か	て		れ		あ	き
	は	な	Ⓔ し	あ	い	
き	い		な		こ	な
ず		ひ	き	ど		り
Ⓓ な	か	ま		あ	い	Ⓒ て

◀幸せを呼ぶ言葉▶

Ⓐ お	Ⓑ も	Ⓒ て	Ⓓ な	Ⓔ し

問題はP.31～32にあります。

見知らぬ人にも親切にする

寓話35 隗より始めよ

中国の戦国時代のこと。

燕《えん》は、南にある斉《さい》に攻め込まれ、形勢が不利であった。燕の昭王《しょうおう》は、王位に就《つ》いたとき、これまでの劣勢を盛り返そうと、人材集めに注力した。しかし、そうそういい人材は見つからない。

ある日、昭王は首相の隗《かい》を呼んで、問うた。

「なかなか、いい人材が集まらないようだが、どうしたものか」

隗は答えた。

「かつて千金をもって、千里走れる馬を求めた君主がおりましたが、三年経っても、手に入りませんでした。そこで、ある家臣に、一日に千里走る名馬を探し出してくる役目を申しつけました。ところが、ようやくのことで名馬の噂を聞きつけ、交渉に行くと、その馬はすでに死んでいました。しかし、家臣はその死んだ名馬の骨を大金で買い取り、帰国しました」

昭王は口を挟《はさ》もうとしたが、首相は続けた。

「君主から『それは無駄骨』と叱られたとき、家臣はこう言ったそうです。『一日に千里を駆けるほどの名馬が死んだとき、燕はその馬の骨にさえ大金を支払った。もし、その馬が生きていれば、どんなに高値で買ってもらえたことか、と人々は思うでありましょう。いずれ名馬を売りたいという者が、向こうからやってくることと思います』と」

昭王の目がキラリと光った。

「それで、結果はどうだったのか」

隗は得意げに答えた。

「千里を走る名馬が、一年のうちに三頭も集まりました。今、王が優《すぐ》れた人材をお求めなら、まず、この私（隗）から始めてください。私を厚遇すれば、あの隗でさえ重く用いられるのだからと、天下の逸材が続々と集まることでしょう」

昭王は、隗の提案を受け入れ、隗を自分の軍師として特に厚遇した。すると、広く野にいた優秀な人材がこぞって集まり、やがて斉の国との戦いにも勝利したという。


………出典～中国故事「隗より始めよ」より（※自由国民社『世界の故事・名言・ことわざ』参考）

【解説】

この寓話は、よき仲間を見つけ出す、とっておきの方法を示唆している。「よき仲がほしい」と、百万べん念仏を唱えても、おいそれと得られるものではない。では、どうするか……。

ロシアの文豪ドストエフスキーは、「何事でも、まず始めることができたら、それはすでに半分終わっている」と述べている。また、ヒルティの『幸福論』でも、「ああ言えばこう言う、言い訳ばかりをしていては仕事が進まないし、人生で幸せにもなれない。今、できることは何なのか。それを発見し、小さな一歩から始めてみることだ」と言っている。

実は、よき仲間と出逢う、とっておきの方法がある。それは、誰も見ていないところで研鑽《けんさん》を積むことだ。自発的な努力は、裏切らない。必ず、あなたの実力を高めてくれる。そして、あなたの実力に気づいた人が、やがて仲間として目の前に現れるだろう。まず、自分を高める行動を即、始めたい。

教訓㉟

誰も見ていないところでの行動が、いつか、めぐりめぐって幸せを呼ぶことがある。あなたの努力は、必ずいつか報《むく》われる。

Column

コーヒー・ブレイク

謎解きクロス……④

「謎解きクロス®」は著者が開発したパズルゲーム。通常のクロスワード・パズルは、タテ・ヨコ別の問題文からキーワードを見つけ出して記入欄に解答するが、**この謎解きクロスは、問題文が１つのストーリーになっていて、そこからキーワード（ゴシック文字）を拾って、記入欄のタテまたはヨコに解答する、というまったく新しいタイプのクロスワード・パズルです。**

問題文

旅に出かけてみよう

私の職業は**画家**。**スリム**な彼女のため、庭の**花壇**に咲いたバラを摘《つ》んで**花瓶**に生《い》けて描いたばかり。美しいものにはトゲがあり、**毒**のあるキノコは美しいが、女性の**笑顔**にかなうものはない。彼女の仕事は**ナース**で、瞳の**奥**で何を考えているかわかったとしても、彼女の笑顔の前では何もできない。**無策**のまま従うだけである。

彼女は趣味で花を育て、街角に生けて**美化**を推進している。

「ネットで“**ナウ**”とつぶやくのも、**動画**で風景を楽しむのもいいけれど、街を歩いてほしい」

彼女が大好きな伊豆下田《いずしもだ》の寝姿山《ねすがたやま》は、仰向《あおむ》けに寝そべる女性の**姿**に似ているからといわれる。

その山頂に「和《なご》み玉投げ」がある。和み玉が輪を通ると「和」が成就、先の石にあたると「和」が深まるという。鐘や**鈴**もいいが「和み玉投げ」も一世を**風靡**することだろう。いかにもリゾート**エリア**らしい仕かけである。

伊東駅から終点が**伊豆急**下田駅となる。そこは謎解きクロスの聖地。謎解きクロスは、**東急**沿線で数万人がチャレンジした**クイズ**感覚の謎解きで、**蓋**をされて目立たなかった地域の魅力が浮き彫りになる。さあ、旅に出よう。街を**愛**で満たすために。

◉上の問題文の中のキーワード（ゴシック文字）をひらがなにして、次ページのクロスワード・パズルの空欄を埋めてください。タテに入れるか、ヨコに入れるかは……？

《キーワード記入欄④》

Ⓐ			■			Ⓓ
	■		と		■	
		■	う	■		
■	い	ず	き	ゆ	う	■
		■	ゆ	■	Ⓔ	
	■		う		■	
Ⓒ			■			Ⓑ

◉上のパズルを完成させて、下の問いに答えてください。

《幸せを呼ぶ言葉④》

Ⓐ	Ⓑ	Ⓒ	Ⓓ	Ⓔ

ヒント 仕事においても人生においても、成功か否かを決めるのは「いい仲間との出逢い」につきると言えよう。そう考えると、出逢いをつくり出す神さまは、同じ神さまの中でもトップクラスかもしれない。

答えはP.188にあります。

［第8章］

成功への環境を整えるための寓話5

◉……備えあれば憂いなし

成功を手に入れようと思ったら、必要な行動を習慣化して続けることだ。自分に投資することも成功には欠かせない。目的に向かって何をなすべきかを考え、日々あきらめず、節制して、心身を変化させていくことが肝要だ。環境を整えて、成功に向かう時機をいざ狙うべし。

成功までの道筋を描き、条件を整える

寓話36 勝利のシナリオ

あるオリンピックの女子マラソンでのこと。

そのコースは、マラソン史上最大の難関といわれていた。その難所を乗り越えたうえ、彼女は当時の世界新記録まで樹立してみせた。

レースは予想通り、後半で有力選手との一騎打ちとなった。

彼女が日光よけのサングラスをロードに投げ捨てたのは、後半37キロ地点。そこからスパートをかけ、そのまま有力選手を振り切って、念願の金メダルを勝ちとった。

ここで注目したいのは、彼女がスパートをかけた地点である。

そこは上り坂《のぼ》だった。それまでの常識では、マラソンで上り坂にスパートをかけるということはおよそ考えられない。通常、平坦なコースでスパートをかける選手が多いなかで、監督は、彼女が勝つためには、一番苦しい上り坂で、最悪の場所でほかの選手を振り切るしかないと思っていた。

そのスパートは、彼女にとって一か八かの大勝負だったのだろうか。

彼女は、オリンピックの開会式には出ていない。女子マラソンは全競技の最終日に近い日程だったので、てっきり日本で練習を積んでいるものと誰しもが思った。

だが、実際には開会式の2週間も前に、彼女は現地に入っていた。

そして、競技の明暗を分けるとおぼしき37キロ地点付近にアパートを借り、上り坂からのスパートの練習を積んでいたという。

世界のトップとなる快挙をなし遂げる選手は誰しも、見えないところでの練習量がハンパではない。

それまで越えられなかった壁を、誰かが越えると、その卓越した能力に焦点が当たり、日々、どのような練習を積んだら、そうした壁が越えられるのか、毎日しなければならないことは何なのかが注目される。しかし、彼女は多くを語らなかった。

日々の努力は地味で、花がないように見える。しかし、彼女の金メダルは、ひたすら37キロ地点でスパートの練習をしていたその努力に対して、神々《こうごう》しいまでに輝いたのである。

……出典～『月刊現代』(2000年11月)二宮清純氏・小出監督へのインタビュー記事参考
(※きらぼしコンサルティング「きらぼし2019年12月号」掲載)

【解説】

この寓話は、スポーツ観戦好きな人たちにはよく知られている事実からとった。

オリンピックには、魔物が棲んでいるとよく言われる。人間同士の戦いの中で、ちょっとした魔物のいたずらから、アスリートたちの結果が異なってくるというわけだ。

マラソンという過酷な2時間余のドラマを観ている客サイドは、気楽なものだ。金メダルに輝いたアスリートを見て、「もともと才能があった」、「運も味方した」などと考える。

しかし、金メダルをとるためには、発明王エジソンが語ったように、「天才とは1％の才能と99％の努力」であり、アスリートにとっては、日々の研鑽《けんさん》こそが絶対条件なのである。

一方で、結果を出した天才たちは、どのような努力を積み重ねてきたのか、その舞台裏をオモテに出そうとはしない。彼らは、誰も見ていないところで、必死に努力する。そこが、栄冠を手にする者と手にできない者の決定的な違いなのだろう。

教訓㊱

もし、誰に言われるでもなく、誰かに見られるのでもなく、自分から努力できることが見つかったなら、果敢に挑戦する。それが栄冠への近道なのだ。

いつチャンスが訪れても対応できるように準備しておく

寓話37 有名すぎる映画の誕生秘話

アメリカでの話である。

とあるビルのエレベーター内で、若い映画監督が敏腕の映画プロデューサーと一緒になった。プロデューサーは、役員室がある階のボタンを押した。

若い監督がそのプロデューサーと一緒にいられる時間はおよそ1分間。彼は自分が降りる階のボタンを押さず、

「映画監督をしています」といって、会釈《えしゃく》した。

すでに10秒がすぎている。プロデューサーはぶしつけな彼の態度に少しムッとしたが、社交辞令的に微笑を返した。エレベーターで一緒になっただけの、見ず知らずの青年から声をかけられれば、誰だって身構えるだろう。

その若い監督は、フレンドリーな雰囲気を崩さず、

「実は、すばらしい企画があります」

相手の目を見て、語りかけた。

「この映画なら、大ヒット間違いなしです！」

その言葉に、プロデューサーは少し反応してみせた。職業柄、「大ヒット」という言葉を聞くと血が騒いだようで、思わず「どんな企画なの？」と聞いてきた。

監督は自信たっぷりに「スペース・ウエスタン！」と応え、西部劇でよく観るようなピストルの早撃ちのマネをして見せた。

西部劇が大好きなアメリカ人に向けて、スペース（宇宙）を舞台にしたウエスタン（西部劇）をやりたいことを伝えたのである。

エレベーターが役員室のある階に着くと、二人は一緒に降りた。

「面白そうだ。企画書を送ってくれないか、ミスター…？」

「ジョージ・ルーカスです」

敏腕プロデューサーは、若きルーカスと固い握手を交わして、役員室に消えた。

ルーカスは、それまで自分の映画を撮《と》るために何百人もの人と会い、相手の持ち時間に合わせてプレゼンを繰り返していたのだった。

……出典～自著・実業之日本社『図で考える人は新プラス思考で3倍仕事がうまくいく』の取材ノートより

（※きらぼしコンサルティング「きらぼし２０１９年12月号」掲載）

【解説】

チャンスをつかむためには、相応の準備が必要だ。

映画会社のビルのエレベーターで一緒になったことがきっかけとなって誕生したといわれる『スター・ウォーズ』。映画界の伝説となったこのエピソードは、よく考えてみると、成功へのシナリオを明確に示している。何か新しい価値が生まれるときには、その裏に大きな努力と備えがあったのだ。

たった1分でも、いや、30秒でもラッキーなことは起こり得る。確かに、それは事実だが、その30秒に出合うために、ルーカスは何ヵ月も準備して、機会を待ったはず。ルーカスは、有名映画プロデューサーの行動を調べ、エレベーターで二人だけになるチャンスを待って、行動を起こしたのである。

しかし、30秒で相手にインパクトを与えるためには、コンセプトが明確でなければならない。「スペース・ウエスタン」という言葉は、宇宙がフロンティアとして注目されていた1970年代当時、とても斬新であり、相手は頭の中でさまざまなシーンを描くことができたはず。

もう40年以上も前の出来事だが、今日でも十分通用するエピソードである。

教訓 ㊲

著名な人とも堂々と会話ができるよう、準備万端な状態をつくっておき、その機会を待つことだ。

◀謎解きクロス② 解答▶

Ⓐあ	か	し	■	あ	か	Ⓑり
し	■	き	ひ	ん	■	く
た	か	■	ろ	■	く	つ
■	き	ょ	Ⓔう	か	い	■
か	ね	■	え	■	ず	た
か	■	は	ん	い	■	い
Ⓓと	な	り	■	き	な	Ⓒが

◀幸せを呼ぶ言葉▶

Ⓐあ	Ⓑり	Ⓒが	Ⓓと	Ⓔう

問題はP.67～68 にあります。

健康を維持するために必要なことを毎日する

寓話38 カバの母子

アフリカの奥地、ある豊かな流れの河に、そのカバの母子は住んでいた。

彼らは、昼間は強い日ざしを避けて水中で暮らし、夜は食事をするために陸に上がった。

彼らの主食は、草木や根などだが、なかには小動物をとらえて食べる猛者《もさ》もいた。

大自然の中なので、陸にライオンなどの捕食動物がいると、事件が起こる。カバは見た目より筋肉質で凶暴なため、めったにライオンに襲われることはないが、陸地でライオンに狙われたら死を覚悟するしかない。

あるとき、底の浅い水辺でカバの母子が寝そべっていた。カバは、紫外線を避けるために全身を泥《どろ》で覆っていた。

カバの母親が子に言った。

「おまえも、ちゃんと体に泥を塗りなさい」

「うん」

カバの子は、どんなことでも母親の教えをしっかり守った。そうしなければ、生きていけない厳しい世界であった。

「泥を塗ったら、食事をしましょう」

大人のカバは、一日40キロもの草を食べる。子の体重は、まだ大人の半分しかなかったが、それでも20キロの食料が必要となる。

陸地にあがったカバの体を覆《おお》っていた泥が乾《かわ》き、粉になって風に舞うころ、カバの皮膚からはピンク色の粘液が出てくる。カバには汗腺がないが、ピンクの粘液が出る。それが乾燥すると赤い色素となって、紫外線を通しにくくなり、体を守ってくれた。

「夜はライオンが腹ごしらえに狩りをするから、その時間は避けて、明け方と夕方に食事をするのよ」

「うん」

カバの子は知っていた。親をマネて体に泥を塗り、食事をし、運動をして、よく眠る。それが子カバが生きていく道であり、動物として生き残っていくための唯一の方法なのだということを。

………出典～朝日新聞特集「シンギュラリティにっぽん」記事参考

【解説】

人間は、脳が非常に発達して進化したため、つい自分たちも地球に住む「動物の一種」だということを失念してしまう。そのため、動物の「生」の基本である「よく食べる」「よく動く」「よく眠る」「危険を避ける」といった本能の大原則を忘れてしまっている。

この寓話のカバの子のように、人間も、動物としての基本を学び、自分の体をしっかりとケアできて初めて、自己実現、他者実現に向かうべきではないだろうか。

現代人は、えてして外見を気にしてダイエットに励《はげ》み、クルマなどを使ってなるべく歩こうとせず、寝る間を惜《お》しんで働き、体のケアもないがしろにしている。

大自然の中で生きようと思ったら、それまで生き抜いてきた先達《せんだつ》の生活に習うことが最良の選択である。体を正常に保つために「食事・運動・睡眠・体のケア」を日々、きちんとフォローする習慣を身につけたい。

教訓㊳

無理なく持続でき、お金をかけずに体を動かせることを考えよう。何も思いつかなければ、一日一時間、散歩だけでもしてみよう。いざというときに効《き》いてくる。

重要なことがクリアできたら、自分に褒美《ほうび》を与える

寓話39　神さまからのご褒美

天国でのこと。

ある神さまが、下界《げかい》を見下《お》ろしてため息をついた。

「最近は、スケールが小さくなったなあ」

その神さまは、よい行ないをした人間にご褒美を与えるのが仕事だった。しかし、昔は選ぶのが難しいほど善行が多かったのに、最近は、懸命に探さなければ対象者が見つからない。しかも、善行のスケールが小さくなり、与える褒美も小ぶりになった。

「あの若者、老婆の手を引いて横断歩道を渡っている」

神さまは、そのあとで若者が立ち寄ったファストフード店で、外の景色がよく見えるいい席を与えた。それが褒美なのだが、若者は気づかず、笑顔にもならなかった。

「あの少女、歩道に落ちていたゴミを拾っている」

神さまは、少女に性格のいいイケメンの同級生と二人だけになる機会を与えた。それが

褒美なのだが、少女はほかのイケメンに夢中で、話しさえしなかった。

「あの初老の男性、人に道を聞かれて、ていねいに教えている」

神さまは、男性のスーツのポケットに、なくしたばかりの老眼鏡をそっと入れた。それが褒美なのだが、男性は老眼鏡をなくしたことさえ忘れていた。

「あの主婦、落とし物のサイフを拾って交番に届けた」

神さまは、ショッピングモールのフードコートでランチをとる主婦が「ちらし寿司」を頼んだとき、マグロの赤身を中トロにすり替えた。それが褒美なのだが、主婦はただ食べるだけで、少しも気づかなかった。

「あの老人、ATMで他人が振り込め詐欺に遭《あ》いかけているのに気づき、被害を未然に防いだ」

神さまは、老人が買って持っていた宝くじの番号を100万円が当たるようにした。それが褒美なのだが、まさか当たると思っていなかった老人は、気づかないまま、支払い期間が過ぎて、無効になってしまった。

最近、神さまは転職を考えている……。


……出典〜洪自誠著・今井宇三郎訳注・岩波文庫『菜根譚』より

【解説】

幸せになれる種《たね》は、日常生活の中に潜《ひそ》んでいる。小さな親切を習慣にすると、毎日、笑顔で過ごすことができる。社会は、こちらが親切にすると、同じ「質」の幸せを返してくれる。ただ、多くの人はそれに気づかないで通り過ぎているのである。

もし、あなたが他者を支援し、幸せにすることができたなら、あなたも、ほかの誰かから支援を受けて幸せになれるという人生の法則を知ったなら、人にさらに大きな親切をするといい。

そして、ここが重要なことだが、自分が何か社会に役立つことを実践できたら、いつもより、少しだけ贅沢な時間を意識的に持つこと。これも習慣にしたい。自分で自分に「ご褒美」を与えると、何をするのも苦にならなくなる。

教訓㊴

人は、ご褒美が大好き。苦痛を伴う仕事でも、きちんとご褒美を与えれば、続ける勇気が湧いてくる。

自分の未来に投資する

寓話40 能面との衝撃的な出合い

人生において、不意に大きな忘れ物をしたことに気づくことがある。

しかし、そのことに気づいたときには、もう体がいうことをきかなくなっていたり、気持ちがついていけなくなっていたりする。

ふつうに生きてはきたけれど、別の生き方もあったかと、頭では思うのだが、その先へは進めない。

では、いつだったら、「遅すぎることはない」のだろうか。

ある街の高級住宅地に住んで何不自由なく過ごしていたその主婦が、衝撃的な出合いをしたのは、30代のことであった。

いつものように買い物をしての帰り道。電信柱にビラが貼《は》られていた。

「あなたも能面を打ってみませんか」

なんのこともないビラのはずだったが、そこに載った能面の表情に衝撃を受け、足が震え、胸が熱くなった。

「私は、こんなところで、いったい何をしているのだろうか……」

彼女にはそれまでの人生が、何か夢の中のように感じられた。そのビラの向こうにしか、これからの自分の人生はないと、心の声が訴えた。

能面を打つ職業があることを、このとき知った彼女は、「主婦をしている場合ではない」と思い、夫と可愛い二人の娘に恵まれていたが、彼女たちを連れて東京に戻り、両親に夫との離婚を告げた。

そして、面打《めんう》ち師について調べ、弟子《でし》入りをしたのである。

娘二人を育てながら七年間、彼女は夢中で面を打ち続けた。

その結果、彼女の手の指はそれまでの二倍くらいに膨《ふく》れ上がり、その関節は能面をしっかりとらえて彫《ほ》れるような形に曲がっていた。その状態に気づいた彼女は、「やっと自分も面打ち師に近づいた」と思った。節《ふし》くれだった太い指は、面打ち師の勲章に見えた。

彼女の作品は今では由緒ある大社にも奉納され、百年後に重要文化財となることが決まっている。

………出典～自著・講談社現代新書『週末作家入門』取材ノートより

【解説】

著者が実際に取材した実話をもとにした物語である。

人生、何かを始めるのに「遅すぎる」ということはない。年齢に関係なく、やりたいと真剣に思ったときが始める好機なのだ。

ただ、年齢が高くなると、さまざまな障害も多くなり、この話にみるように、思い切った「決断」や「自分への投資」が必要になる。

ちなみに、能の舞台では、能面を被《かぶ》った演者の目には自分の足元しか見えないのだという。しかし、演者には客観的に外部から俯瞰《ふかん》する視点ができているという。自分が舞台のどこにいて、どの方角を向いて、どんな動きをしているか、頭の中にある舞台に映《うつ》し出されているのだという。

同じように、人生という大舞台でも、自分の今の状態を俯瞰して、自分はどこからきて、どこに行こうとしているのか、客観的に見ることが必要となる。自分との対話を重ねるうちに、どの道に進めばよいのかも見えてくるはずだ。

教訓㊵

年齢に関係なく、本を購入して読み、自腹で講演を聴き、美術館や博物館めぐりをし、演劇や映画を楽しむなど、自分の教養を高めるための投資を続けよう。いつか、必ず役に立つ。

[第9章]
思い上がりを戒《いまし》めるための寓話5

◉……本当の道が必ずある

時代は激変している。早いスピードであまりにも変わっていくので、人間の本質さえ変わるのではないかと感じられるが、その深層にまで降り立てば、本質は変わりようがなく、なすべきこともほとんど変わらない。おのれが進むべき本当の道とは何か、ここらで一度自分の心に問いかけてみる必要がある。

ちゃんと自分で考える

寓話41 カーナビの反乱

ある週末。その日は快晴で、観光地に向かう道路は大渋滞だった。

P氏が運転する車の助手席に座った彼女は、ちょっとイラついていた。

「カーナビって、意外と融通がきかなくて、裏切られていることがあるみたいよ」

「このカーナビはAI主導のすぐれものなんだ。AIは人間に尽くすようにつくられているから、裏切るわけがない」

「えー、何も疑問を感じずに従っていて、いいのかしら」

彼女の主張は、これまでAIを信奉してきたP氏の気持ちを逆なでするものだった。

AIで制御されるカー・ナビゲーションは、社会全体で最適なルートを選択する。まず、救急車両、次に公共交通が優先される。そして、タクシーやトラックの営業車も、実経済を支えているので別格だという。問題は、普通乗用車だった。

「高級車は、観光地でも大金を使うものと予測されて優先される。わたしたちの普通乗用車は最後の扱いで、ひたすら我慢を強《し》いられるルートをナビゲートされるのよ」

Ｐ氏はムカついた。

「わかった、わかった。もうカーナビに従わないで運転するよ！」

クルマは、カーナビが案内する正規ルートから外《はず》れた。すぐにＡＩが反応し、元の道路に戻るルートを案内する。しかし、それを無視してＰ氏は走り続けた。

助手席の彼女とは、険悪な空気になった。

「わたし、もうここで降りるわ」

仕方なく、Ｐ氏は彼女を降ろすことにした。そして、その後も一人で走り続けた。

翌朝、小さなニュースが報じられた。

〈市街地の外れの崖《がけ》から乗用車が転落して炎上。運転していたＰさんは自殺を図《はか》った模様
……〉

……出典～内閣府（２０１９年３月）「人間中心のＡＩ社会原則 報告書」参考
（※きらぼしコンサルティング「きらぼし２０１９年５月号」掲載）

【解説】

カー・ナビゲーションの予測データはある程度、参考になる。しかし、実際にそこからルートの選択をして運転するのは人間のドライバーである。最終的な判断と行動は必ず人間が行なうという「AIの原則」を考えさせられる寓話である。

最近の日本映画『AI崩壊』では、AI「のぞみ」が暴走し、人の命の選別を始めるという近未来の危機が描かれていたが、このように、AIがいつ暴走するかという危険性を決して否定できない。

人間は身も心もAIに委《ゆだ》ねて生きるわけにはいかない。AIが人間にとって幸せなことしかしないという保証はなく、人間が人殺しのためや人類にマイナスとなるAIをつくるはずがないと考えるのも、性善説が過ぎるだろう。私たちはいま、AIを含めて、どのようなツール（道具）が平和を実現し、人々を幸せにするのか、真剣に考える必要がある。

教訓㊶

人間は、哲学者パスカルが言ったように「考える葦《あし》」であり、考えることをAIにすべて任せたら、人間の美徳である謙虚さ、思いやりも同時に見失ってしまうだろう。

自分のとるべき道を徹底的に調べる

寓話42 リコールへの対応

オートバイの試験走行で脊髄《せきずい》を損傷し、車イス生活を余儀なくされたI社長は、顧客の体型や障害の状態に合わせて、オーダーメイドでつくるカッコいい車イスの製造販売を始めた。

ところが、部品がなかなか仕入れられない。既存メーカーは機能性重視の車イスを製造していたので、カッコいいというモノサシでつくる車イスには違和感を持ち、協力したがらなかったのだ。

I社長は設備投資をして、必要なパーツを社内で製造することにした。借金は増えていったが、同社は、カッコよくて機能的な車イスの開発に成功する。

当時、車イスが必要な障害者には、4年に一度、国から補助金が地方自治体に支給されていた。ただし、自治体が指定する車イスを買えばという条件で10万円が受け取れ、それ以外の車イスでは1円も支給されなかった。

しかし、カッコよくて機能的な車イスを求める顧客のニーズはあり、I社長を励ます声がたくさん届いた。おかげで、記念すべき第1号機が完成し、あっという間に100台が完売したのだった。

ところが、発売して2週間後の夕方、外回りの営業スタッフからI社長に電話が入った。

「お客様から、車イスのフレームが折れ、車が動かなくなったと連絡が入りました。どうしましょうか」

フレームが折れる……など、ありえなかった。車イスの製造では、ユーザーの安全に最大限気を配り、理論上は相撲《すもう》とりのような大きなユーザーが使っても大丈夫なように設計されているはずだった。

営業スタッフから報告を受けたI社長は、尋ねた。

「ありえないことだ。どんな使い方をしたのだろうか」

事情がわかった。デザインを重視するあまり、設計段階で強度不足が発生していたのだった。そのため、使い方しだいで、フレームが曲がる欠陥が生じたのだ。

I社長の対応は早かった。20名いた社員全員に、菓子折りとI社長の手書きの謝罪文を持たせ、ユーザー一人ひとりに、「フレームを交換するので、それまでは乗らないでほしい」と、お願いに回った。

そして、最後まで逃げずに責任を持って対応に奔走した。そのことが、後になって信頼につながったことはいうまでもない。

………出典〜中小企業経営研究会「近代中小企業（ダイジェスト）」取材ノートより

【解説】

何か事故や事件が起こったとき、どのように対処するかで、その後の人生は違ってくる。

この話のＩ社長は、たまたまの「特殊な事例」として、逃げてもよかった。しかし、それでは対症療法にすぎなくなってしまう。事故と真摯に向き合い、誠実に対応するのかどうか、周囲はそこを見ている。事故が起きたことよりも、それにどう立ち向かったか、それが信用を生むかどうかの分かれ目になる。

たとえば、津波に襲われ、自分の命を守ろうと、ほかの人たちと高台に逃《のが》れた人は、多くの人に「避難してください」と言い続けて津波に飲まれてしまう人と同じように、貴重な「人の命」を守ったことになる。私たちは、そういう人を信用するだろう。

教訓㊷

人生には、真実の道がある。ごまかさず、誠実に対処する姿を、人はしっかり見て覚えている。

ナンバーワンよりオンリーワンを目指す

寓話43 ある男の独白

体操で世界のトップを目指し、けがで挫折した若者が、失意の旅に出た。かつて国際試合で立ち寄ったことのあるヨーロッパを巡《めぐ》っているうちに、やがてロンドンに着いた。散策していると、ある墓にこんな碑文《ひぶん》が刻まれていた。死の床《とこ》にあった男が自分の人生を振り返っての独白のようだった。

「二十代には、世界を変えられると思っていた。しかし、努力しても変わらなかった」

「三十代には、少しは身近な自分の国を変えようと思った。しかし、努力しても変わらなかった」

「四十代には、勤めている会社や住んでいる地域社会を変えようと思った。しかし、努力して、少しは変わったようにも思えたが、本質は同じだった」

「五十代には、自分の近くにいる家族を変えることにした。しかし、悲しいことに、妻も子どもたちも、これまで家庭を顧みずに生きてきた男の言うことなど、聞く耳をもたず、何ひとつ、変わらなかった」

「六十代で、ガンにかかり、死の床にあった。そこではじめて、気がついた。もし、変えなければならないものがあるとしたら、それは自分自身だったと」

墓の碑文は、そこで終わっていた。

自分が変われば家族も変わる。家族が変われば会社や地域が変わる。会社や地域が変われば国をよくすることもできたし、世界を変えることもできたかもしれない。

最初から手の届かない大きな目標を掲げ、地に足がついていない道を走ったため、結局、何もできなかった人生を送ってしまった男の悔しさが、そこにはあった。

それを目にした若者は、ひるがえって自分自身のことを考えてみた。

彼には、別に世界を変えようという大きな目標があったわけはない。ただ、いつも周りからの「ナンバーワンを目指せ」という声に従ってきた。勉強でも体操でも、常に「ナンバーワンになる」ことが目標だったのだ。

はたして、ナンバーワンになる必要があったのか、彼は、はたと自問自答したのだった。


………出典〜日本学術会議（2011年7月）「科学・夢ロードマップ」参考

【解説】

オリンピックやパラリンピックは、「参加することに意義がある」と言いながらも、やはりナンバーワンの金メダルを目指す。銀や銅をとってもメダリストとして称賛はされるが、目指すところは、やはり「金メダル」なのである。

ところが、この寓話に出てくる若者がふと感じたように、「ナンバーワンを目指す」ことがはたして重要なことなのか。疑問を感じる人々が増えてきている。

昨今、若者のスポーツ離れが世界的な現象となるなか、都市環境に合わせたコンパクトなサイズの競技会を開催し、そこに音楽やファッション等のエンターテインメント的な要素も組み入れ、来場者が自由に観戦し、楽しめる「アーバン・スポーツ」のイベントが台頭してきている。各選手は、タイムや得点を競うより、一人ひとりが自分の「最高の力」を出すべく参加している。

その結果、たとえタイムがふるわなくても、惜《お》しみない拍手で迎えられ、それが彼らの「金メダル」となっている。誰かと競争して勝つことよりも、ともに何ができるかを考えてみるのもいいのではないか。

◀謎解きクロス③ 解答▶

Ⓐこ	は	く	■	こ	ど	Ⓑも
た	■	さ	か	な	■	く
い	し	■	ぜ	■	か	ず
■	ほ	り	Ⓔた	つ	お	■
そ	う	■	ち	■	り	く
こ	■	く	ぬ	ぎ	■	さ
Ⓓう	な	じ	■	し	ば	Ⓒり

◀幸せを呼ぶ言葉▶

Ⓐこ	Ⓑも	Ⓒり	Ⓓう	Ⓔた

問題はP.101～102にあります。

教訓 ㊸

全部を得意にならなくていい。特別好きなことを見つけ、それを磨く。しかも、誰かと競うのではなく、自分の成長プロセスだけを見つめる。それこそがすばらしい。

結果だけでなく、プロセスを大事にする

寓話44 仮想通貨は幻想？

個人投資家のN氏は、コツコツ利ザヤを稼《かせ》ぐ投資プランで資産を運営していた。あるとき、信用のおける筋から仮想通貨《コイン》の話が舞い込んだ。

「今、100万円で仮想コインを購入すれば半年で倍になる」

似たような話は、日々飛びかっていた。

ただ、今回の仮想通貨は『AI（人工知能）主導』という点が、これまでの話とは異なっていた。人間は信用できなくても、AI主導なら、ルールに従って進めてくれるだろう。100万円の元手なら、たとえ損をしても別の通貨で取り返せる……。N氏は、その勧誘に乗ることにして100万円を送金した。

その仮想通貨の市場評価額は、予定通りに上がり続けた。

「よしよし、その調子だ」

最初の週は1万円増え、翌週には2万円増え、さらにその翌週には3万円増えた。

「このＡＩは、なかなか優秀だ。いけるかもしれない」

その後も、増加する幅の高低はあったものの、確実に増え続け、半年で総額２００万円になっていた。

Ｎ氏は舞い上がった。

「結果を見れば、半年で2倍。もしも１０００万円を投資していたら、２０００万円になっていたはず。惜《お》しかったなぁ」

もちろんＮ氏は、相場の原理原則は知っていた。市場が高く評価しているうちに利益を確保すれば、必ず儲かる。

「あまり欲張ってはいけない……」

ただ、あと半年で４００万円、その半年後は８００万円。その次の半年で１２００万円になる計算だ。まだまだ仮想通貨ブームは続くだろう。

「そうだな……、大台に乗ったら売り逃げするか」

Ｎ氏は、仮想通貨が１０００万円を超える日を待った。しかし、５００万円を超えたころに事件は起きた。

１００万円で購入して以来、初めて、その月の平均価格が前月を下回ったのだ。

「そろそろ、上限か？」

もちろん、仮想通貨は為替相場のルールに則《のっと》って運用されるので、市場に「買い手」が増えれば価格は上がるし、「売り手」が増えれば下がっていく。

今回の下落《げらく》は、購入した仮想通貨に、上限が近づいていることを示すものかもしれなかった。

N氏は決断を迷った。迷っているうち、あっという間に1週間が過ぎた。

「そんなバカな！　さらに下がったぞ」

N氏は、仮想通貨の売却を決めた。

ところが、いつまでたっても求めている「買い手」が現れなかった。仮想通貨バブルは、すでに崩壊していたのである……。

……出典～ＪＰＮＩＣ（一般財団法人　日本ネットワークインフォメーションセンター）
（２０１９年10月インターネット）「インターネット歴史年表」参考

【解説】

N氏は、仮想通貨が利益を生む「プロセス」を検証せず、「結果」に賭けてしまった。相場の世界では、価格が上がることもあれば下がることもある。N氏が購入した仮想通貨の場合、1年余り上昇した後、何らかの理由で人気がなくなり、価格は下落した。

仮想通貨は今、黎明期《れいめいき》。さまざまなイノベーションが起き、次世代のスタンダードを狙って世界規模での競争が起こっている。それゆえ、実態が伴わない。ただの仮想の数字で終わるか、実態のあるお金として定着していくか、まだ過渡期《かとき》にある。

このようなイノベーションの起こる時期は、品質が置き去りにされることが、ままある。大成功がある反面、資産を失ってドン底に落ちるのも、この時期に多発する。変化のプロセスにも冷静に目を向け、納得しながら投資したい。

教訓㊹

成功へのプロセスが明確になると、その実現は近づく。成功した友人に相談にのってもらうことも、次の展開としては大切なことだ。

いやな環境は我慢せず、思い切って変えてみる

寓話45 伝説をつくったファストフード店

伝説《レジェンド》となったその男は、中学校までしか出ていなかった。

男は、年齢を詐称して16歳のときに陸軍に入隊する。しかし、陸軍の訓練が16歳の少年には耐えられず、1年足らずで除隊処分になってしまう。

そこから、本人の自伝によれば、40種類もの仕事を経験することになる。

「いつも、これは違うなと感じながら働いていたので、長続きはしませんでした」

そう独白する。そんな彼が、ビジネスの表舞台に姿を現したのは30代後半のこと。地方都市にあるガソリンスタンドの経営者となっていた。ある日、客が言った。

「のどが渇《かわ》いた。何か飲み物はないか。この前、旅行したとき、ちょっとしたスナックと飲み物を売っているガソリンスタンドがあった。安くはなかったが、客はみんな、長旅の途中で、よく売れていた……」

客の言葉にヒントを得て、男は自分のガソリンスタンド内に「36（みろく）カフェ」と

いう飲食コーナーをつくり、調理とレジも自分でこなした。

やがて、その店の、圧力釜を使ってつくった唐揚げがおいしいと評判になった。

最初は、ガソリンスタンドに併設された飲食店だったが、やがて飲食店に併設されたガソリンスタンドと見られるようになる。36カフェは地元の名物店となる。

しかし、調子に乗って店舗を拡大しているうちに、ほかのハンバーガー店などの台頭もあって、倒産の憂き目に遭う。

「やり方を変えなければ、生き残れない！」

男は、唐揚げを売るのではなく、唐揚げの「つくり方」と、店の「運営方法」を売るビジネスモデルを開発し、ほかのガソリンスタンドを中心に営業して歩いた。

男はそのとき、50歳を越えていたが、それまでしてきた仕事とは違い、

「この仕事はいける！　必ず、全国にわたしのレシピを普及させる」

そう信じた。その結果、彼は誰もが知るファストフード店の名経営者となったのである。

……出典～インターネット検索記事など参考
（※ケンタッキー物語については、株式会社フォアサイト「外食、Ｂｉｚ」掲載記事「第１回 現代に受け継がれる夢と信念
カーネル・サンダース物語 ～わずか６席のレストランから始まったカーネル・ストーリー」に詳しい）

【解説】

この寓話は、誰もが知っていて、一度は食べたことがあるフライドチキン店創始者の実話をもとに生まれたものだ。サンダース（寓話ではこれをモジって、3ダース＝3×12＝36［みろく］カフェと命名）がフランチャイズ1号店をオープンしたとき、彼は還暦を過ぎていた。逆にいえば、その年になるまで、何度も何度も仕事を変えてきたのだ。

人は、この仕事をするために生まれてきたといえる「天職」に、なかなかめぐり逢えないものだ。就活の時期を迎えて、仕事や会社の研究を進めても、天職と思われる仕事に出合い、しかも首尾よくその仕事に就《つ》けるのは、ごく少数である。

多くの学生は、「その仕事が自分に合っているかどうかは疑問だが、ひとまず就職しよう」と思い、合格した企業に入る。そして、その仕事に合った者は居残り、慣れない者は何かしら理由を探して、転職を試みることになる。働く環境を改めるのに、はばかることなかれというわけだ。

教訓㊺

本当にその仕事を好きになれないようなら、無理をせず、転勤を願い出るなど、環境を変えるための行動に出ればよい。それが実現しないようなら、転職の道もある。

Column

コーヒー・ブレイク

謎解きクロス……⑤

「謎解きクロス®」は著者が開発したパズルゲーム。通常のクロスワード・パズルは、タテ・ヨコ別の問題文からキーワードを見つけ出して記入欄に解答するが、**この謎解きクロスは、問題文が１つのストーリーになっていて、そこからキーワード（ゴシック文字）を拾って、記入欄のタテまたはヨコに解答する、というまったく新しいタイプのクロスワード・パズルです。**

問題文

幸せになるには？

残業があって、わたしが住む団地の窓の**明かり**が消えるころ、私は**家路**についた。

妻は、いい**香り**の化粧**水**をつけて眠っていたが、一人娘がリビングにいた。テーブルの上に置かれた**湯呑み**から**湯気**が立っている。

「父さん、困ったわ。興奮して、眠れないの」

確かに、娘は**明日**、バスケの**試合**がある。部活命《いのち》の**生徒**にとっては最後の試合。

受験が**近い**娘だが、彼女は**理科**や数学が苦手で体育が得意。受験勉強は**未知**の世界だ。娘はブランド物の、**地味**だが**粋**なTシャツを着ている。それは私が**贈り物**にネットオークションで**競り**落としたものだ。反抗期のせいでいつも言い争いになり、

「**当たり前**のことをきちんとすること。もっと**素直**になりなさい」

などと教訓をたれるのだが、彼女の不安そうな顔を見ていると、抱きしめたくなる。

「試合も気になるけど、**冬季**の講習が**未定**なのが、気になるわ」

私は何かの**足し**になると思い、「幸せの話」をした。長い話が終わる頃、娘は言った。

「父さんの話、ほんと退屈。**おかげ**で眠れそう……」

◉上の問題文の中のキーワード（ゴシック文字）をひらがなにして、次ページのクロスワード・パズルの空欄を埋めてください。タテに入れるか、ヨコに入れるかは……？

《キーワード記入欄⑤》

Ⓐ			■			Ⓑ
	■		あ		■	
		■	た	■		
■	お	く	Ⓔ り	も	の	■
		■	ま	■		
	■		え		■	
Ⓓ			■			Ⓒ

◉上のパズルを完成させて、下の問いに答えてください。

《幸せを呼ぶ言葉⑤》

Ⓐ	Ⓑ	Ⓒ	Ⓓ	Ⓔ

ヒント　幸せを探して遠くの国に行っても、結局、身近なところに幸せがある。幸せは、心という、物理的な距離を超えた、自分の命の奥底で羽ばたいている。

答えはP.199にあります。

［第10章］

生き方のスタンスを確立するための寓話5

◉……**社会の中の「個（自分）」を意識する**

仕事でも人生においても、自分が人から信頼を得ることは、何ものにも代《か》えがたい財産となる。いくらお金を積んでも、人徳を備えることはできないし、社会的な信頼を得ることもできない。あらゆる場面で、謙虚に生き、一つひとつコツコツと信頼を重ねた日々が、成功を呼び寄せる種になる。

いざとなったら、逃げ出せばよい

寓話46 ひとあし、ひとあし……

彼は、病室でレオ・レオニの絵本を読み返していた。

会社の同僚から「お見舞い」としてもらったもので、タイトルが『ひとあし ひとあし』という本だった。詩人・谷川俊太郎の名訳で知られるベストセラーである。

小さな「しゃくとり虫」が、コマ鳥に食べられそうになる。しゃくとり虫は「ぼくにはモノの長さを測る特技がある。あなたのシッポの長さを測《はか》ってあげるから、ぼくを食べないで」と懇願し、難を逃《のが》れる。

その後もフラミンゴ、おおはし、サギ、キジ、ハチ鳥など、ほかの鳥たちに狙われるが、その都度、危機を乗り越える。

そして、ついに「ナイチンゲールの歌」という形のないものの長さを測るはめになる。

そこでしゃくとり虫のとった戦略が、病床にいた彼の心にストンと落ちた。

ナイチンゲールと呼ばれる鳥が歌声を聞かせているうちに、しゃくとり虫はひとあし、

ひとあし、ナイチンゲールから遠ざかり、逃げおおせたのである。

「なんだ、逃げ出せばよかったんだ……」

彼の入院は、自動車事故によるものだった。街外れの急なカーブを曲がりきれず、クルマがガードレールに突っ込み、炎上した。彼の体は車外に放り出されたが、奇跡的に一命をとりとめたのだ。

ここ数ヵ月間、彼は遅刻の常習者だった。ＡＩ時計が指定する時間に毎朝起き、バスと電車を利用して通勤し、仕事を始めるというお定まりの生活にちょっとだけ逆らっていたのである。

いつもより30分早く起き、予定していないバスに乗った。不思議なことに、会社近くのコンビニで朝食を買うと、クレジットカードの不備が指摘され、いつも足止めをくらった。その結果、30分も早く起きたのに、仕事にはいつも遅刻したのだ。

「今後も遅刻が続くようだと、もう君には仕事を任せられない」

ストレスがたまっていた。しかし、いいこともあった。そのコンビニで毎日出会う女性と知り合いになり、デートの約束もできた。自分の人生がようやく変わるような気がしていた矢先の事故だったのである。

「いやでいやで仕方がなかったことから、もっと早く逃げ出せばよかったんだ。堂々と逃げれば……」

彼は、その本のおかげで、ＡＩに従うだけの人生とさよならをした。

……出典～『ひとあし ひとあし』（レオ・レオニ著／谷川俊太郎翻訳 好学社）参考

【解説】

　ドン底に落とされたとき、目の前に一見越えられそうにない壁が現れたとき、行くべき道が二手に分かれていて、どちらかを選択しないといけないとき、私たちはそれらに「正面から向き合い、解決したい」と願う。そして、その難関がなかなか突破できなくても、チャレンジだけは続けようと考える。

　いつかは、ドン底からはい上がる。やがては、壁越えを果たす。必ず、成功への道を選び出す……。逃げずに向き合い、あきらめないことが成功へのとるべき道だと、ものの本にも書いてあった。その通りに、疑うことなく従ってきた。

　ところが、危険を察知し、そこから逃げることができる人もいる。実は、この「逃げる」という行為は、人間としても動物としても、本能に刻み込まれた重要な選択肢なのである。ところが、文明人となり、文化人になるにつれて、ついつい逃げるという選択肢を除外してしまうのである。

　仕事も人生も、正面からチャレンジするだけでは、うまくいかない場合がある。悪意に満ちた環境におちいったときに、戦う選択肢ではなくて、生き延びるためにまず、その環境から逃げ出すことが急務な場合がある。

教訓 ㊻

危機に直面したら、逃げてもいい。安全な位置まで逃げ出せたなら、また、新たなチャレンジを始めればよいのである。

◀謎解きクロス④ 解答▶

Ⓐえ	り	あ	■	な	ー	Ⓓす
が	■	い	と	う	■	が
お	く	■	う	■	ふ	た
■	い	ず	き	ゅ	う	■
す	ず	■	ゅ	■	Ⓔび	か
り	■	ど	う	が	■	び
Ⓒむ	さ	く	■	か	た	Ⓑん

◀幸せを呼ぶ言葉▶

Ⓐ	Ⓑ	Ⓒ	Ⓓ	Ⓔ
え	ん	む	す	び

問題はP.141～142 にあります。

大切な仲間に対して心から接する

寓話47 AI監督は是か非か

スポーツの世界でも、監督やコーチがＡＩになる時代が近づいていた。

練習では、人間がいかにＡＩの指示による対応ができるか、徹底的に鍛《きた》えられた。ＡＩの指令で選手がスピーディーに反応するため、体のあちこちに受信機が埋め込まれた。

「走れ！」「投げろ！」「つぶせ！」

ＡＩの命令に反応した選手たちは、正確に行動した。

ここまでくると、誰もが思った。ＡＩが人間の監督にデータを提供するのではなく、最初からＡＩロボットが直接、監督になれば、チーム全体に瞬時に指示が出せるので、統制がとれたチームになり、難なく勝てるのではないか。

そして、ＡＩ監督が選手を統制するようになると、ＡＩ監督同士の対決となり、やがて優秀なＡＩをつくることが、勝利につながると信じられるようになった。

ところが、技術が進歩すれば進歩するほど、大きな課題が浮き彫りになった。生身の人間である選手の「やる気」の問題である。ＡＩの指示で動く選手はしだいに無気力となり、動きが鈍くなった。

そこで、無気力対策として登場したのが、選手の脳にチップを埋め込み、体の動きを直接コントロールするというやり方であった。

選手は、あらゆる神経をチップに支配された体で、ものすごい形相《ぎょうそう》で戦う戦士となった。試合は、もはやスポーツと呼べるものではなく、人間同士の殺し合いに近いものとなった。

どちらかのチームの動きが止まるまで、人間としての極限状態まで選手たちは動きまわり、試合途中で彼らの筋肉組織はぶち切れ、骨は破壊された。

脳にチップを埋め込み、やる気を出させる方法は禁止となった。体に受信機やＩＣチップなどを埋め込んだ選手は、試合に参加することができない。薬物を使用していた選手がかつてドーピング検査で外《はず》されたように、あらゆる種類のＩＣチップの埋め込みが禁止された。

それは、まるで30年以上も前の、２０２０年に開催された東京オリンピックの状態にまで、逆戻りしたようであった。

……出典〜平和博著・朝日新書『悪のＡＩ論』参考

【解説】

人生という大舞台の主役は、あくまでも自分自身だ。しかし、世界中の誰もがみんな「自分」を中心にして、世界を認識しているということを忘れてはならない。

そこに、相手を認める思いやりの心や相手を許す優《やさ》しい心、相手から学ぶという尊敬の心が必要となる。

人類が地球上の全動物の生態系の中でトップの地位に躍《おど》り出たのも、その「思いやり」「優しさ」「尊敬」という、その他の動物にはない能力によるものだ。

これらは、決してＡＩには備わっていない。人類固有のものとみたほうがよい。それゆえ、この寓話のように、人間同士のぶつかり合いをするゲームの監督をＡＩに任せることは、ナンセンスなのである。

教訓㊼

大切な仲間といい関係を構築したいと思ったら、ＡＩなどのデジタル化された機器の力を借りず、自分の頭で考え、生身の自分で対応したい。

ゆるく生きるときをつくる

寓話48　天命を待って行動する

次の世界の覇権をめぐる「天下分け目の戦い」が始まろうとしていた。

東軍と西軍では、兵力が10万人前後と拮抗《きっこう》。ここでキャスティングボードを握っていたのが、どちらの軍に味方するかを決めかねていたK将軍が率いる軍勢の存在であった。

彼は天下分け目の戦いにおいて、主戦場となる盆地を見下ろせる小高い山の頂《いただき》に陣を張った。そこは、東軍と西軍の動きが手にとるようにわかる場所であった。

「将軍、われらの方針は、決まりましたか」

重臣の問いかけに、K将軍は伏し目がちに答えた。

「どちらについてもリスクが高い。みなの者、ひとまず休んで様子見じゃあ」

戦前、K将軍の軍勢は西軍に味方するものと思われていた。そこへ東軍から使者がきて、寝返ってくれたなら、法外な褒美《ほうび》を与えるとの誘いがあった。逆に、裏切らずに西軍の味方をしてくれたなら、武功第一の将軍として高く処遇するとのことだった。

それがため、K将軍は戦いが始まっても、意思をはっきりさせず、優位となった軍のほうに味方しようと決めたのだった。

翌朝、決戦が始まった。K将軍は、どちらが優勢になるかを見極めようとした。

そこに、まことに具合の悪い状況が起きた。高い場所にいたK将軍だったが、朝から霧がかかり、干戈《かんか》をまじえる響《ひび》きだけは届くものの、実際の戦況がよくわからない。

そのとき、K将軍のもとに、大地を揺るがすほどの大砲の音が鳴り響いた。東軍の大将が「寝返り」を催促するための脅《おど》しだったが、K将軍はそれでも動かず、霧が晴れるのを待った。霧は神の仕業《しわざ》であり、人間の逆らいようがないことだったからだ。

早朝に始まった戦いは、互角のまま午前10時をまわったが、にわかに霧が晴れた。

実際には、双方、一進一退の攻防が続いていたが、霧が晴れたときは、ちょうど東軍が優勢のときであった。

それを見たK将軍は、迷わず自軍に命じた。

「天命は東軍にあり！　いざ、西軍と戦うべし！」

かくして、天下分け目の戦いは、東軍の勝利となった。

……出典～BS朝日『歴天～関が原の戦い』取材ノート参考

【解説】

この話は、日本史上有名な天下分け目の関ケ原《せきがはら》といわれる合戦から採《と》ったものだ。双方の兵力の数や戦いの経過の細部で、諸説がある。

まだ科学的な分析の天気予報などなかった時代であり、いくら戦いに備えても天気ばかりはどうしようもなかった。

人事を尽くしても、事態はそれほど変わらない場合がある。もちろん、天に祈って、はい上がれるものならば、それもよいが、はなはだ不確かである。たとえ、ドン底にあっても、これまで知らなかった新たな知恵を学び、自分を磨くことはできる。

どんなに準備をしていても、まったく準備をしていなくても、現実はどんどん進んでいく。自然の摂理に抗《あらが》うことはできない。ならば、この話の、小早川秀秋《こばやかわひであき》と目されるK将軍のように、いったん心配することをやめ、楽観的な未来を想起し、ゆるく生きる時間を持つのも一法かもしれない。

教訓㊽

心配しても仕方がないこと、自分ではどうしようもないことについては、動じない。現実の動きをよく見て、それから対応を考える。自分がまずなすべきことを準備したら、あとは運を天に任せることだ。

いつもと違うことで心身をリフレッシュさせる

寓話49 ノーと思ったことだけやる男

あるところに、何をやってもうまくいかない男がいた。

「わたしがよかれと思ってやることは、ことごとく裏目に出て、失敗する」

その通りの人生だった。ただ、ふと考えたことがある。

「こんなことなら、わたしはいっさい決断しないで、他人にすべてを判断してもらい、それをわたしがやればよいのでは……」

男は、自分の代わりに判断をしてくれる人間をネットで募集した。

しかし、そんなおかしな募集をしたものだから、応募があっても、多くは冷やかし半分であったり、信用できない筋からの問い合わせだったりした。

そんななか、匿名《とくめい》ながら、意外なアドバイスをしてくれる者がいた。

「これからは、あなたがイエスと思ったことにはノーと言い、ノーと言ったことにはイエスと答えて行動すればよい」

そんなことがはたしてできるのだろうか。自分の考えたことと、いつも反対のことをするというのである。確かに理屈からすれば、これまですべて裏目に出ていたのだから、その逆をすれば、失敗しないという結論になる。

「案外、いい方法かもしれないぞ」

実際やってみると、自分がノーと思ったことだけするものだから、最初はかなり困難を伴った。ただ、行動しにくい分、慎重にもなり、あれこれ工夫もするようになったため、すべてがうまくいくようになった。

それからというもの、やることなすことが大成功をおさめた。

あるとき、男は気がついた。

「イエスと思ったことはしないで、ノーと思ったことだけやる……。なんだ、やっぱり自分で判断して行動しているではないか……」


……出典〜アメリカ映画（2009年上映）『イエスマン〝YES〟は人生のパスワード』参考

【解説】

この寓話はアメリカ映画からヒントを得て、著者が脚色したオリジナルである。

下手な考え、休むに似たり。迷うというのは、どちらでもよいことだから迷うのである。人は、本当に重要なことには決して迷わないものだ。

ただし、考えた結果、いつも失敗していたとしたら、どうだろうか。

人生の選択は、大勢の人々の総意との戦いとなる。ある有名な金融ディーラーが、勝ち続けて数百億円の資産家になった理由をこう語っていたことがある。

「大きな決断が求められたとき、わたしはほかのディーラーの9割がとる常識的な対応について、自分なりに必死に考えた。そして、もし、それがあまりに当たり前に説明がつくものなら、必ずその逆の1割の少数のほうに資金を投入した。それが、こうして、わたしが勝ち残ってこられた理由かもしれない」

日本の伝説の相場師の言葉に「人の行く　裏に道あり　花の山」というものもある。われわれは一発大逆転を狙うギャンブラーではないが、時として、普通一般と逆の行動をとることも必要な場合がある。

教訓㊾

わたしたちは、みんなの9割の中にいれば、ひとまず安心する。しかし、精神的な安心と引き換えに重要なチャンスを逃してはいないか、時として、チェックすることも必要ではないか。

◀謎解きクロス⑤ 解答▶

Ⓐあ	し	た	■	す	な	Ⓑお
か	■	し	あ	い	■	か
り	か	■	た	■	ゆ	げ
■	お	く	Ⓔり	も	の	■
せ	り	■	ま	■	み	ち
い	■	い	え	じ	■	さ
Ⓓと	う	き	■	み	て	Ⓒい

◀幸せを呼ぶ言葉▶

Ⓐあ	Ⓑお	Ⓒい	Ⓓと	Ⓔり

問題はP.181～182 にあります。

幸福の本当の意味を考える

寓話50 幸福と柿の木

ある村に、いつもニコニコ顔のおじいさんが住んでいた。

おばあさんに先立たれて一人暮らしをしていたが、それでも毎日、つつましい生活をしながら、明るく元気に暮らしていた。

おじいさんの家の庭には大きな柿《かき》の木があり、毎年秋になるといっぱいの実がなった。

おじいさんは柿の実がなる季節には、全部はとらず、一部を残して、収穫した。とり残した実をカラスが食べてもいいし、熟《う》れすぎて落ちてきた実は、地面の肥《こ》やしになると、まったく意に介さなかった。

収穫した実もすぐに食べる分以外は、あとで食べられるようにと、干《ほ》し柿にしたほか、気前よく周りの人たちに配った。そのため、みんなからはありがたがられた。

また、おじいさんはその柿の木の隣に新しい柿の木を植《う》えた。周りの人たちは口々に、今さら若木を植えても、おじいさんが生きているうちに、実ができるわけでもあるまいし……と言ったが、おじいさんは大丈夫、大丈夫……と言って、ニコニコしていた。

やがて、おじいさんはある朝、ぽっくり亡《な》くなっていた。

それから、何年か経《た》ち、おじいさんが植えた柿の木が成長し、いっぱいの実をつけた。前からあった柿の木は老木になり、ほとんど実がならなくなっていたが、新しい木のおかげで、おじいさん亡き後もずっと、季節になると、みんながおいしく実を食べたという。

……出典～幸田露伴『努力論』幸福三説より

【解説】

この寓話は、明治・大正時代を代表する文豪・幸田露伴《こうだろはん》の『努力論』に出てくる「幸福《こうふく》三説《さんせつ》」という考え方から創作したものである。露伴は、幸福に遇《あ》う人とそうでない人（「否運《ひうん》の人」と表現）の違いは、「惜福《せきふく》」「分福《ぶんぷく》」「植福《しょくふく》」ができる人かそうでない人かだと断じている。

「惜福」とは、自分に与えられた幸福を独《ひと》り占《じ》めして全部使い尽くすのではなく、文字通り「福」を「惜《お》しむ」ことで、自分に訪れた幸福をいとおしみ、謙虚に受けとめべきだということである。寓話では、おじいさんが柿の木にいっぱいなった実を全部はとらず、しかも、すぐに食べない分は干し柿にした行為で表現した。

そして、この「惜福」と関《かか》わってくることだが、自分に与えられた幸福を独り占めせず、他人にも分け与えなさい、つまり「分福」することが大切だと露伴は言っている。おじいさんが周りの人に柿の実を気前よく分け与えたようにである。

最後の「植福」は、先の二つの幸福についての考え方にプラスして、今だけの幸福でよしとせず、将来のために「幸福」の苗《なえ》を植えなさいということである。おじいさんが新しい柿の若木を植えたのはそれを指している。

こうした幸福三説をみずから身をもって体現したおじいさんは、いつも明るく元気に暮らし、亡くなるときは誰にも迷惑をかけず、ぽっくり逝《い》った。そして、そのあとには毎年実がいっぱいなる柿の木を残して、周りの人たちを幸福にしたというわけである。

露伴が『努力論』の中で、この幸福三説を展開しているのは、人がこうした考え方を持つには努力が必要だからということである。

著者は、本書を締めくくるにあたり、この話を紹介したのは、みなさんがそれぞれの人生で成功をつかむための、とてもシンプルだが、もっとも大切な教えが、この話の中に詰《つ》まっていると思ったからである。

最終章であるこの第10章のテーマは、最後にあなたの「生き方のスタンスを確立する」である。ここで、あらためて、みなさんの生き方のスタンスとして、各人が「幸福」のあり方を自問自答していただければ幸いである。

教訓㊿

「人生の成功」は、つき詰めていえば、「幸福」がどうかではないか。いま一度、幸福の本当の意味を考えてみよう。そうすることで、また一歩、幸福に近づけるはずだ。

令和の時代を生き抜く「ヒント」になれば、幸いである

昭和の高度成長期には「自己啓発タイプの成功」が求められた。市場そのものがどんどん拡大していった時代だったので、自分を磨くことが、そのまま、社会に貢献することになった。

その結果、日本人はアメリカンドリームとまではいかなくとも、誰でも中流意識を持つことができた。戦中、そして戦後、昭和20年代までにあった「貧しさ」から、多くの人が脱却し、そこに幸せを感じていたのである。

やがて平成に入ると、バブル経済は崩壊。失われた30年は、中流意識が崩れ、「金持ち父《とう》さん」と「貧乏父さん」の二極化が進んだ。そこで成功するのは、トップにのぼり詰めることではなかった。

平成での成功は、「小さくてもいいから、自分の城（家庭であったり会社であったり）で『オンリーワン』になる」ことだったからだ。

オンリーワンになり、波風を立てず、周囲の空気を読んで、「目立たぬように、飾らぬように」愛する仲間と生きること、ハワイに豪邸は持てなくても、年に一度、家族で温泉旅行

に行ければ、それでいいという時代になった。

そこで大切なのは、自分が置かれている環境をしっかり認識し、足《た》るを知り、求めすぎず、それでいて、しっかり自分のしたいことを実現するというライフスタイル。そこに生きる人の価値観は、社会の価値観と同じだった。だから、道に迷うことはなかった。なぜなら、道は用意され、迷い道そのものが存在しなかったからだ。

それでは、これからの令和の時代は、どうだろうか。

平成の最後の10年間をみると、日本に起きた変化は劇的だった。

東日本大震災、福島原発事故、多発する極端な気象由来の大災害が、日本各地を襲ったのである。いまや気候変動は定説となり、環境保護や気候変動リスクをとれない企業はビジネスを続けることが難しくなっている。

もちろん平成最後の10年で、何よりも驚いたのはＡＩ（人工知能）の劇的な進化だ。

もはやチェスだけではなく、囲碁や将棋でも、コンピュータが人間の能力を圧倒的に超えてしまうシンギュラリティ（技術的特異点）という状態にまできている。

プロ棋士たちも、勝負でＡＩに勝つことをあきらめ、ＡＩの思考回路を研究することで、自らの棋力《きりょく》を上げる使い方が主流となっっている。

これらの変化は、いずれも5年10年で終わるブームではない。

令和の時代は、社会を構築しているフレームそのものが変化する新たな「パラダイムシフト（思想・概念・規範・価値観などの変化）」の時代に入っている。社会が用意していた「価値観」そのものが、どんどん不安定になり変化しつつある。そこで成功するのは、昭和や平成で有効だった方法とは、根本的に異なる発想からアプローチした人々となる。

誰かの言葉に従い、ＡＩの勧めに従い、受動的に生きている人々は、奈落の底につき落とされる。また、競争して自己実現を目指していた人々も、大きな壁につき当たり、道に迷い、気がついたら、丸ごとドン底の生活におちいっているだろう。

残念ながら、ドン底の舞台では、人は幸せを感じることができない。では、どうしたらいいのだろうか。

昭和の経験も、平成の教訓も、そのままでは役立たない。パラダイムシフトを意識して、自分の習慣を「少しずつ」変えて、令和の時代に備える必要がある。

具体的には、令和の時代には「自分の成功」だけを目指すのではなく、「他者の成功」を同時に考える必要がある。令和の成功は、自己啓発タイプの成功だけではなく、それを前提として、他者との相互作用によって社会的に成功していくことなのである。

本書で提示した50の寓話を一助として、令和の時代を生き抜く力を発揮していただくことを期待して、筆をおきたい。

【参考文献】
内閣府（２０１９年3月）「人間中心のＡＩ社会原則　報告書」
内閣府（２０１９年3月）「ＡＩ戦略２０１９（有識者提案）　報告書」
内閣府（２０１８年7月）「高齢者白書」
内閣府（２０２０年3月）「平成23年（２０１１年）東北地方太平洋沖地震（東日本大震災）について」報告書
総務省（２０１９年3月）「令和元年版情報通信白書」
経済産業省（２０１９年7月）「通商白書２０１９」
日本学術会議（２０１１年7月）「科学・夢ロードマップ」
ＮＥＤＯ（国立研究開発法人　新エネルギー・産業技術総合開発機構）（２０１９年9月）「成果報告書データベース」
ＩＰＡ（独立行政法人　情報処理推進機構）（２０１９年5月）「ＩＴ人材白書２０１９」
朝日新聞特集（２０１９年1～12月）「シンギュラリティにっぽん」
ＪＰＮＩＣ（一般財団法人　日本ネットワークインフォメーションセンター）（２０１９年10月インターネット）「インターネット歴史年表」
山本博文監修・柏書房『江戸時代２６５年ニュース事典』
自由国民社『世界の故事・名言・ことわざ』
マクドナルド、マーガレットリード著・佐藤涼子翻訳・編書房『五分間で語れるお話』
カール・ホブレッカー著・佐藤和夫訳『ホブレッカーおじさんのおしゃべり』
鎌田浩毅著・東洋経済新報社『座右の古典』
伊藤羊一著・ＳＢクリエイティブ『1分で話せ』
川村真二著・日経ビジネス文庫『58の物語で学ぶリーダーの教科書』
講談社スターウォーズ『ファンの心に響いた１１１の言葉』
日本経済新聞社編『私の履歴書（昭和の経営者群像）／五島慶太ほか』
ひきたよしあき著・かんき出版『短くても伝わる文章のコツ』
こすいこたろう著・ディスカバー・トゥエンティワン『3秒でハッピーになる超名言１００』
鈴木亨著・河出文庫『ヘタな人生論より中国の故事寓話』
池田書店編集部・池田書店『人生を動かす　賢者の名言』
村木厚子著・日経ビジネス人文庫『あきらめない』
松本すみ子監修・朝日新聞出版『55歳からの仕事のリアル』
Ｐ・ミルワード著・安西徹雄訳・講談社学術文庫『シェイクスピア劇の名台詞』
バートランド・ラッセル著・安藤貞雄訳・岩波文庫『ラッセル幸福論』
スティーブン・Ｒ・コヴィー著・川西茂訳・キングベアー出版『7つの習慣』
スティーブン・Ｒ・コヴィー監修・宝島社『まんがと図解でわかる7つの習慣』
マーク・レクラウ著・弓場隆訳・ディスカバー・トゥエンティワン『習慣を変えれば人生が変わる』
ジム・ドノヴァン著・弓場隆訳・ディスカヴァー携書『何をしてもうまくいく人のシンプルな習慣』
ジム・ドノヴァン著・桜田直美訳・ディスカヴァー携書『誰でもできるけれどごくわずかな人しか実行していない成功の法則』
ユバル・ノア・ハラリ著・河出書房新社『ホモ・デウス（上・下巻）』
洪自誠著・今井宇三郎訳注・岩波文庫『菜根譚』
幸田露伴著・岩波文庫『努力論』
小野田博一著・講談社ブルーバックス『人口知能はいかにして強くなるのか？』
松原仁著・インターナショナル新書『ＡＩに心は宿るか』
平和博著・朝日新書『悪のＡＩ論』
新井紀子著・東洋経済新報社『ＡＩ vs 教科書が読めない子どもたち』

【廣川州伸著作】
あすとろ出版『現代人のためのサムライ流生き方（日本人・心の源流）』
講談社現代新書『週末作家入門』
講談社『ゾウを倒すアリ』
実業之日本社『世界のビジネス理論』
実業之日本社『図で考える人は新プラス思考で3倍仕事がうまくいく』
秀和ビジネス『菜根譚がよ～くわかる本』
秀和ビジネス『孫子がよくわかる本』
ごきげんビジネス出版『ＡＩと共にビジネスを進化させる11の提言　超デジタル社会で人間はどう生きるべきか』

【雑誌取材ほか】
中小企業経営研究会「近代中小企業（ダイジェスト）」
きらぼしコンサルティング「きらぼし」
日本科学技術連盟「クオリティマネジメント誌」

※そのほか、著者・廣川州伸が取材させていただいた経営者５００人のみなさまの取材ノートをフル活用させていただきました。この場を借りて、厚く御礼申し上げます。

【著者】
廣川州伸（ひろかわ・くにのぶ）
合資会社コンセプトデザイン研究所所長。
1955年生まれ。都立大学卒業後、マーケティング会社に就職。1990年、広告制作会社にプランナーとして転職。1998年独立して合資会社コンセプトデザイン研究所を設立。クオリティマネジメント誌、月刊近代中小企業などで成功した経営者500人への取材・執筆。現在は、新規事業コンセプト開発を推進。2009年より一般財団法人WNI気象文化創造センター理事。2013年に謎解きクロス®を創造し、日本初の「パズル小説家」として地域活性のミステリーウォークを展開。一般財団法人地域活性機構、一般社団法人国際魅力学会の理事でもある。主な著書に『現代新書・週末作家入門』『ゾウを倒すアリ』（講談社）『世界のビジネス理論』（実業之日本社）『ポケット図解「菜根譚」の教えがよ～くわかる本』（秀和システム）、『なぜ、ヒツジが空を翔べたのか』（IDP新書）『AIと共にビジネスを進化させる11の提言』（ごきげんビジネス出版）など、30冊を超える。

企画・進行…湯浅勝也
販売部担当…杉野友昭　西牧孝　木村俊介
販売部…辻野純一　薗田幸浩　亀井紀久正　平田俊也　鈴木将仁
営業部…平島実　荒牧義人
広報宣伝室…遠藤あけ美
メディア・プロモーション…保坂陽介
FAX : 03-5360-8052　Mail : info@TG-NET.co.jp

仕事《しごと》に効《き》く　人生《じんせい》に役立《やくだ》つ
大人《おとな》のための「寓話《ぐうわ》」50選《せん》

2020年 3月 5日　初版第1刷発行

著　者　廣川州伸
発行者　廣瀬和二
発行所　辰巳出版株式会社
〒160-0022
東京都新宿区新宿 2丁目15番14号　辰巳ビル
TEL　03-5360-8960（編集部）
TEL　03-5360-8064（販売部）
FAX　03-5360-8951（販売部）
URL　http://www.TG-NET.co.jp

印刷・製本　大日本印刷株式会社

ISBN978-4-7778-2463-2 C0030